성령을 경험하는 삶

EXPERIENCING THE HOLY SPIRIT
by Andrew Murray
Copyright ⓒ 2005 by Christian Art Publishers
All rights reserved.
This Korean edition was published by written approval from
Christian Art Publishers in South Africa.

성령을 경험하는 삶

초판 | 1쇄 발행 2011년 5월 15일
지은이 | 앤드류 머레이 Andrew Murray
옮긴이 | 정운교
펴낸이 | 이재승
펴낸곳 | 하늘기획
마케팅 | 강호문·함승훈
관리부 | 이은성·이숙희·한승복
북디자인 | 권기용
교정교열 | 석윤숙·송경주

주소 | 서울특별시 중랑구 상봉동 136-1 성신빌딩 3층
등록번호 | 제6-0634호

총판 | 하늘물류센타 **전화** | 031-947-7777 **팩스** | 031-947-9753

ISBN | 978-89-923-2087-0

Copyright ⓒ 2005 by Christian Art Publishers
이 책은 한국어판 저작권은 Christian Art Publishers의 출판 허락 서신을 받은 하늘기획에 있습니다.
저작권법에 의해 한국 내에서 보호를 받는 저작물이므로 무단 전재와 복제를 금합니다.

* 정가는 뒷표지에 있습니다.
* 잘못되거나 파손된 책은 구입하신 서점에서 교환하여 드립니다.

EXPERIENCING
THE
HOLY SPIRIT

성령을 경험하는 삶

앤드류 머레이 지음 정운교 옮김

하늘
기획

역자 서문

1828년 남아프리카공화국에서 태어난 앤드류 머레이(Andrew Murray) 목사는 청소년기를 스코틀랜드에서 보내며 당시 미국을 휩쓸었던 찰스 피니(Charles Finney)의 제2차 대각성운동(Second Great Awakening)의 영향을 받았습니다. 그 이후 그는 당시 이성주의와 형식주의에 물들어 경건의 모습이 사라진 네덜란드의 대학에서 신학을 공부했습니다. 그렇지만 그와 그의 형인 존 머레이(John Murray)는 말씀 운동인 '말씀으로 돌아가라'(Remember the Word)는 단체를 창설 했습니다. 또한 신학을 하면서도 경건한 신앙을 지키려고 말씀회복이라는 단체를 만들었습니다.

신학을 마친 후 남아프리카공화국의 케이프타운(Cape Town)에 돌아온 그는 영국 총독의 임명을 받아, 현재의 남아프리카공화국 수도인 브롬폰테인(Bloemfontein)에서 개혁교회의 목회자로 사역을 시작했습니다. 1860년, 그가 케이프타운 근처의 소도시인 부스터(Worcester)로 임지(臨地)를 옮기자, 교회는 크게 부흥을 했습니다. 부스터에 있는 그의 교회에서 시작된 부흥의 물결은 케이프타운과 남아프리카공화국 전역에 커다란 영향을 끼쳤습니다. 그 후에 그는 무디(Moody)의 영국 집회에서 함께 설교했으며, 영국과 남아프리카공화국에서 열린 케직(Keswick) 사경회에서도 여러 차례 설교를 했습니다.

앤드류 머레이는 사역 말기에 케이프타운에서의 목회직을 사임하고, 인근의 소도시인 웰링톤(Wellington)에 있는 교회로부터 청빙을 받아 목회지를 옮겼습니다. 그는 웰링톤의 작은 교회에서 목회하면서, 자신의 약해진 건강을 돌보며 무려 250여 권의 저서를 집필했습니다. 이곳에서의 목회 기간 동안 그의 명성과 영적인 영향력은 전 세계로 퍼져나갔습니다. 그는 1900년대 초에 일어난 영국의 웨일즈 대각성운동(Great Welsh Revival)의 불길을 지핀 사람 가운데 하나로 평가됩니다.

한국에도 널리 알려진 『십자가의 도』(이현수 역, 두란노 간)의 저자 제씨 펜 루이스 여사는 앤드류 머레이의 책을 읽고 성령 충만을 갈망하던 중, 어느 날 아침 식탁에서 성령 충만을 경험합니다. 그

만큼 앤드류 머레이의 사역은 지역과 국가의 경계를 넘어 엄청난 영향을 주었습니다.

성령에 대한 그의 이해는 철저히 성경 말씀에 기반을 두고 있습니다. 따라서 한국적 토양에서 신앙생활을 한 저에게는 앤드류 머레이의 성령론이 오순절 신학의 성령론보다 더 깊은 감동으로 다가왔습니다. 이 책을 한 장 한 장 읽어 가면서, 익숙한 말씀으로 시작하여 이해하기 쉬운 말씀으로 마무리 되는 성령론은 참 즐거웠습니다. 무엇보다도 십자가와 자기 부인을 기반으로 한 성령 충만을 강조하는 논리에 무리가 없어서, 읽은 후에 바로 묵상과 기도로 연결시킬 수 있다는 점이 좋았습니다. 기도원에서 손을 들고 성령 충만을 열심히 부르짖고도, 내려오면서 무언가 채워지지 않았던 공허한 마음 같은 것이 날아가 버리는 것 같았습니다.

제 개인의 관점에서 보면, 한국의 조용기 목사님이 위대한 소망의 신학자이며 세계적인 교회 성장 운동가라면, 남아프리카공화국의 앤드류 머레이는 오순절의 위대한 신학자이며 세계적인 성령 운동가라 할 수 있습니다. 조용기 목사님은 절망의 상황에 처한 사람들에게 무쇠와 같은 소망의 의지를 불어 넣으시고, 전 세계를 다니시며 교역자들에게 교회 성장의 꿈과 비전의 불화살을 쏘시는 분입니다. 반면에 앤드류 머레이 목사님은 성도들의 온 관심을 철저히 하나님의 말씀에 집중하도록 하고 성령을 통해 성경을 다시 읽고 열정적이게 만드시는 분입니다. 다시 말해, 주님의 약속인 성령의 충만을 믿고 그것을 붙잡도록 신앙생활에 소망을 던져주시는 분입니다.

성령 충만에 대한 약속은 성도들에게 복음 중의 복음입니다. 그것은 기쁜 소식 중의 기쁜 소식이며, 소망 중의 소망입니다. 우리가 우리 자신의 능력으로 거룩해지고 주님과 같아지려고 몸부림친다면, 우리는 누구나 좌절할 것입니다. 우리는 십자가를 통해 그리스도의 죽음을 나의 죽음으로 받아들여야 합니다. 그래서 자신의 야망과 자아를 십자가를 통해 철저히 부인해야 합니다.

오순절은 어떤 대가를 지불하든지, 갈보리의 십자가를 넘어서야 가능합니다. 저는 청년기에 복음을 깨닫고 제 영혼이 기뻐 뛰며 성령 충만을 위해 기도하며 많은 시간을 보냈습니다. 그렇지만 폭넓게 성령님을 이해하지 못해서 참 아쉽습니다. 대표적인 성령 운동 교회인 여의도순복음교회에서 신앙생활을 하고 자랐으면서도, 성령의 체험을 먼저하고 나중에 『십자가의 도』나 『갈보리의 십자가』 혹은 『십자가의 전달자』(워치만 니) 같은 책을 읽으며 그제서야 성령 사역을 이해하고 말씀의 깊은 은혜에 들어갔다는 것이 아쉽다는 것입니다. 갈보리 십자가와 그리스도의 부활, 그 후에 오순절의 은혜가 부어진 것은 너무나 쉽고 분명한 진리인데도 말입니다.

우리는 누구나 부흥을 갈망합니다. 전 세계의 어느 교회든 모두 성령의 충만을 갈망합니다. 우리가 부흥을 기대하는 것은 앤드류 머레이의 말처럼, 주님과 주님의 약속에 대한 믿음 때문입니다. 오순절의 부흥이 재현되기를 기도하고 기대하는 이유는 우리의 필요 때문이 아니라, 하나님의 말씀에 대한 신뢰 때문입니다. 그러나 우리의 마음이 정결하고 주님의 사역을 순수한 동기로 구할지라도, 조급한 마음으로 부흥을 간구하는 것은 율법을 통한 의를 추구하다가 좌절하는 잘못을 하는 것과 같습니다. 부흥은 하나님께로부터, 하나님의 때에, 하나님의 방법으로 찾아오는 것입니다.

따라서 우리는 조급해하거나, 지금까지 신앙생활을 잘못 했다고 낙심해서는 안 됩니다. 그것은 지금 내가 그리스도 안에서 가진 새 생명의 풍요도 엄청난 것이기 때문입니다. 성령의 경험과 부흥을 추구하면서, 지금까지 받은 은혜를 하찮은 것으로 생각한다면, 큰 오류를 범하는 것입니다. 하지만 저는 자주 그런 오류를 범했던 것 같습니다. 앤드류 머레이는 이런 상태가 드러날 때마다 성령 충만에 대한 주님의 약속을 믿음으로 굳게 붙잡고, 부흥에 대한 갈망을 놓치지 말라고 합니다. 또한 지금까지 주신 하나님의 은혜인 그리스도 안에서의 풍요를 누리며 사는 것이 바람직하다고 가르치고 있습니다.

현재 한국 교회는 성령 운동의 결실기에 들어선 것 같습니다. 이제는 다음 세대들에게 유업으로 넘겨줄 성령 운동을 생각해야 할 시기입니다. 우리와 다음 세대를 위해서라도 성경 말씀과 일치하지 않는 억지 논리의 성령론은 교계에서 사라졌으면 합니다. 십자가의 도가 경시되는 강단에서 설교나 성령론도 극복되었으면 합니다. 이제는 자기 부정의 모습이 없는 성령 운동가나, 거룩을 추구하지 않아도 될 듯한 오해를 불러일으키는 성령 운동을 하는 교회의 모습도 극복되기를 소원합니다. 축복과 능력을 간구하나, 진리를 넘어서지 않는 축복과 능력이어야 영원한 생명이 있습니다. 왜냐하면 진리가 아니라면, 어떠한 것도 우리에게 소망과 능력과 생명이 될 수 없기 때문입니다.

"저희를 진리로 거룩하게 하옵소서. 아버지의 말씀은 진리니이다"

요 17:17

"경건의 모양은 있으나 경건의 능력은 부인하는 자니,

이 같은 자들에게서 네가 돌아 서라"

딤후 3:5

이 책을 번역하면서 기억나는 자랑스러운 조국의 몇 분 선배 목사님들이 있었습니다. 성령의 역사로 시작된 교회를 거룩과 영혼 구원의 목회로 탄탄하게 확립해 나가는 순복음부천교회의 차군규 목사님, 제자 훈련과 알파코스로 내실과 자유가 있는 목회를 추구하시는 서울 순복음교회의 김용완 목사님, 목사보다는 불덩어리 같은 전도자의 삶을 강하게 추구하시는 안디옥 성결교회의 신화석 목사님, 뜨거운 열정과 겸손한 인격의 완벽을 갖추신 신월

동 성결교회의 고용복 목사님 등이 그러한 분들입니다.

아무쪼록 이 귀한 책을 접하는 모든 분들이 내면으로부터 흘러나오는 성령의 생수를 벅찬 기쁨과 능력으로 영원히 체험하시기를 바랍니다. 동시에 1만 8천여 선교사를 파송해 이미 전 세계로 사역의 영역이 확장된 우리나라의 교회가 다시 한번 성령의 역사를 강하게 갈망하며 체험하기를 기도합니다. 그래야만 세계 도처에서 한국인 선교사들을 통한 영적인 열매가 맺혀질 것이기 때문입니다.

"살리는 것은 영이니, 육은 무익하니라.
내가 너희에게 이른 말이 영이요 생명이라"

요 6:63

남아프리카공화국 요하네스버그에서

—정운교 선교사—

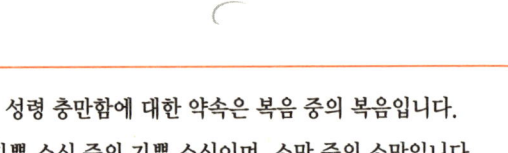

성령 충만함에 대한 약속은 복음 중의 복음입니다.
기쁜 소식 중의 기쁜 소식이며, 소망 중의 소망입니다.
우리 스스로의 힘과 능력으로 거룩해지고 주님과 같아지려고 몸부림친다면,
누구나 좌절할 것입니다. 내면으로부터 흘러나오는 성령의 생수가
벅찬 기쁨과 능력으로 영원히 경험되기를 바랍니다.

EXPERIENCING THE HOLY SPIRIT

차례

역자 서문 4 **머리말** 14 **서문** 16

chapter **01** 어떻게 가르칠 것입니까? 21
chapter **02** 얼마나 영광스러운 일인지! 33
chapter **03** 어떻게 받을 수 있습니까? 46
chapter **04** 얼마나 적게 체험하고 있습니까? 59
chapter **05** 어떻게 이 축복이 방해 받고 있습니까? 73
chapter **06** 어떻게 그것을 받을 수 있습니까? 86
chapter **07** 이것을 어떻게 강화시킬 수 있습니까? 99
chapter **08** 어떻게 해야 더 많은 축복을 받을 수 있습니까? 112
chapter **09** 온전한 축복이 나타나는 것을 추구하며 125
chapter **10** 하나님이 우리에게 얼마나 확실하게 약속하셨습니까? 140
chapter **11** 축복, 어디에 있을까요? 155
chapter **12** 비밀을 여는 열쇠 168

머리말

우리가 복된 성령 사역에 대해 진지하게 연구하고, 성령 충만한 삶을 추구할 때, 우리는 반드시 다음과 같은 말씀에 있는 그리스도의 가르침을 체험하게 됩니다.

"나를 믿는 자는 성경에 이름과 같이 그 배에서 생수의 강이 흘러나리라"

요 7:38

우리가 그리스도께 대한 자신의 믿음이 부족한 것을 깨닫고, 그분을 믿는다는 것이 자기의 마음과 목숨과 뜻을 다 바치는 것임을 이해할 때, 우리는 비로소 확실히 성령의 임재와 능력을 받게 됩니다.

하나님께서 우리를 위해 계획하신대로 그리스도께서 우리의 모든 것이 되기만 한다면, 성령은 그리스도를 통해 우리에게 임하실 것입니다. 그리고 성령은 우리가 그리스도를 더 잘 알고, 완전한 믿음으로 그리스도께 이르도록 복된 역사를 행하실 것입니다.

히브리서는 하늘의 영광과 능력 가운데 계신 그리스도께서 우리의 믿음의 대상이 되신다는 것을 말하고 있습니다. 성령께서는 우리에게 그리스도의 보혈을 통해 지성소로 나아가는 길을 계시해 주시며, 그리스도께 대한 믿음을 통해 우리가 그곳에서 생명을 누리도록 초청하십니다. 우리가 그리스도를 알고, 계시된 말씀을 깨닫기 위해 성령의 인도에 우리 마음을 맡길 때, 성령께서는 우리에게 강권적으로 역사하십니다. 성령께서는 그리스도에 대해 계시하시기 위해 우리에게 오셨으며, 우리가 그리스도에 대한 계시의 말씀을 온전히 수용할 때, 성령께서 우리 안에 거하시고 역사하시게 됩니다. 따라서 "나를 믿는 자는… 그 배에서 생수의 강이 흘러나리라."는 약속은 반드시 실현될 것입니다.

하나님께서 우리를, 위대하신 대제사장이시며 하늘의 왕으로 계신 그리스도께, 순전하고 충만한 믿음으로 이르게 하시기를 간구합니다. 또한 하나님께서 우리를 성령충만한 삶으로 인도하시기를 간구합니다.

— 앤드류 머레이 —

서문

이 책은 우리에게 매우 단순하지만, 준엄한 메시지를 제시해 줍니다. 영적으로 탁월해지려는 교회에게 반드시 필요한 한 가지는 하나님의 영으로 충만하게 되는 것입니다.

저는 이처럼 복된 메시지에 독자들이 주의를 기울이고, 깊은 관심을 가지도록 다음과 같은 몇 가지의 중요한 점들을 특별히 강조하려 합니다.

1. 하나님께서는 모든 자녀들이 항상 성령의 완전한 통치 가운데 살아가기를 원하십니다.
2. 성령 충만 없이는 어떠한 신자나 교회도 하나님께서 원하시는 사역을 하거나 삶을 사는 것은 불가능합니다.
3. 그리스도인 가운데 자신의 삶이나 경험 속에서 이 성령 충만의 복을 받거나 사모하는 자들이 갈수록 줄어들고 있습니다.
4. 하나님께서는 우리에게 이러한 복을 주기 원하시기 때문에, 우리는 믿음 안에서 담대한 확신으로 그것을 기대할 수 있습니다.
5. 인간의 이기적인 삶과 세상은 그리스도께서 차지해야 할 마땅한 자리를 훼방하며, 빼앗고 있습니다.
6. 우리가 주 예수 그리스도의 인도에 자신을 완전히 복종시키기 전에는, 다시 말해 이처럼 값비싼 진주를 위해 자기가 가진 모든 것을 포기하고 버리기 전에는, 결코 성령 충만을 경험할 수 없습니다.

우리는 현재 교회 안에 만연해 있는 육적이고 죄악 된 상태에 대해 아무런 개념이 없습니다. 따라서 우리 자신의 생각과 마음을 온전한 헌신을 위해 바치지 않습니다. 하지만 온전한 헌신이 없다면, 하나님의 약속은 우리에게 깊은 영향을 주지 못할 것입니다. 나는 지금까지 이러한 복이 실제 얼마나 필요하다는 사실을 확신시키려고, 다양한 방법으로 그것에 대한 주제를 다루어 왔습니다. 이 한 가지를 소유하기 위해서는 우리가 소중하게 생각하는 다른 모든 것들을 포기해야 합니다. 그러나 성령의 임재와 성령의 역사가 없다면, 성령의 능력이 필요하다는 것과 성령의 실체와 영적 진리가 우리를 완전하게 지배하기까지는 오랜 시간이 걸릴 것입니다.

교회 안에는 날마다 오순절이 계속돼야 합니다. 이러한 축복 없이는 그리스도인이 하나님의 뜻대로 살 수가 없습니다. 나는 독자들이 하나님께 기도하는 자에게 응답하실 것을 확신하면서, 영적충만을 계속 간구하라고 권면하고 싶습니다.

우리는 『사도행전』을 읽을 때, 성령 충만과 하나님의 전능하신 능력의 역사가 기도를 통해서만 가능했다는 사실을 보게 됩니다. 예를 들어, 안디옥 교회에서 일어난 사건을 회상해 보시기 바랍니다. 성도들이 금식하며 기도할 때, 하나님께서는 그들이 바나바와 사울을 따로 세우라는 계시를 받을 준비가 되어 있다고 생각하셨습니다. 그들은 한 번 더 금식하고 기도한 후에야 두 사람을 파송하라는 성령의 인도를 받을 수 있었습니다(행 13:2,3). 이 사건을 통해서 이 하나님의 종들은 자신들에게 필요한 축복이 오직 하늘로부터만 온다는 사실을 알았습니다.

마찬가지로 우리가 간절히 소원하는 축복을 받기 위해서는 세상적인 욕망으로부터 가능한 멀리 벗어나야 합니다. 낙담하거나 피곤해하지 말고, 성령께서 우리 안에 임하셔서 우리를 온전히 통치하시도록 간구해야 합니다. 그리고 더 나아가 성령께서 교회 안의 가장 소중한 자리에 좌정하셔서 모든 사람이 그분을 높이고, 모든 것을 통해 주 예수 그리스도의 영광이 드러나도록 기도해야 합니다. 하나님께서는 당신의 말씀에 따라 간절한 마음으로 열심히 찾고 기도하는 영혼에게 반드시 응답해 주십니다.

진정한 기도만큼 자신의 영혼을 살피고 깨끗하게 하는 것은 없습니다. 진정한 기도는 우리에게 다음과 같이 질문하게 합니다. "나는 내가 구하고 있는 것을 정말로 원하는가?", "나는 하나님께서 내게 주시려고 예비해 놓으신 것을 받기 위해 다른 모든 것을 버릴 각오가 되어 있는가?", "내가 입으로 구하는 기도는 정말 나의 깊은 삶으로부터 나오는 기도인가?", "나는 지금 하나님께서 내게 초자연적인 선물인 성령을 주실 때까지 잠잠히 신뢰하면서 기다리고 있는가?"

우리는 강력하게 간구하며, 쉬지 말고 기도해서 하나님의 제사장과 교회의 대표자로 그분께 나아가야 합니다. 우리의 기도를 듣고 계시는 하나님을 의지하면 됩니다.

주안에 있는 형제자매들이여, 여러분은 여호와께서 종종 자신을 숨기시는 하나님이시라는 사실을 알고 있습니다. 하나님께서는 우리가 당신을 의지하기 원하십니다. 하나님께서는 때로 우리가 깨닫지 못한 때에도 우리와 아주 가까이 계십니다. 하나님께서는 당신의 정확한 때를 아시는 분이십니다. 그러므로 비록 하나님께서 늦게 응답하신다 하더라도 기다리시기 바랍니다. 하나님께서는 반드시 응답하실 것입니다.

> "이 묵시는 정한 때가 있나니, 그 종말이 속히 이르겠고 결코 거짓되지 아니하리라 비록 더딜지라도 기다리라 지체되지 않고 정녕 응하리라"
>
> 합 2:3

CHAPTER

1

어떻게 가르칠 것입니까?

"아볼로가 고린도에 있을 때에 바울이 윗지방으로 다녀 에베소에 와서 어떤 제자들을 만나 이르되 너희가 믿을 때에 성령을 받았느냐 이르되 아니라 우리는 성령이 계심도 듣지 못하였노라."

사도행전 19 : 1-2

이 사건은 오순절 성령 강림 후 약 20년후에 일어났습니다. 여행 중 에베소에 도착한 바울은 교회 안에 있는 일부 제자들의 믿음과 경험이 무엇인가 부족하다는 것을 발견했습니다. 따라서 바울은 "너희가 믿을 때에 성령을 받았느냐?" 고 물었습니다. 그러자 그들은, 성령에 대해 들어보지도 못했다고 대답했습니다. 그들은 장차 오실 자로써 예수님을 믿고 세례요한의 제자에게서 회개의 세례를 받았습니다. 하지만 그들은 성령을 부어주신 위대한

사건이나, 그것의 중요성에 대해서는 알지 못했습니다. 그들은 위대하신 구세주에 대한 온전한 오순절적 가르침이 아직 전파되지 않은 지역 출신이었기 때문이었습니다.

바울은 즉시 그들을 데리고 와서, 영화로우신 주님에 대한 완전한 복음(full gospel)을 전파했습니다. 이 복음은 아버지로부터 주 예수께서 성령을 받아 세상에 오셔서 그를 믿는 모든 제자들이 그를 영접할 수 있도록 하셨다는 것입니다. 이 복음을 듣고 동의할 때, 그들은 성령으로 세례를 주시는 구세주의 이름으로 세례를 받는 것입니다. 바울이 그들에게 손을 얹고 기도했을 때, 그들에게 성령이 임했습니다. 따라서 그들은 오순절 기적을 체험하고, 다른 방언을 말했습니다.

다음 장들을 통해 나는 하나님의 자녀들에게 두 종류의 신앙생활이 있다는 사실을 말하려고 합니다. 그 중 하나는 구약 시대에 많은 사람들이 경험한 것처럼, 우리가 성령의 역사를 경험하지만, 인격적으로 우리 안에 내주하시는 오순절의 성령을 영접하지 않은 삶입니다. 다른 하나는 더 풍성한 삶인데, 내주하시는 성령을 알고 경험하는 삶입니다. 우리는 이 둘의 차이점을 완전히 이해할 때, 우리를 향한 하나님의 뜻을 발견하게 될 것입니다.

따라서 만일 우리의 삶의 특징인 죄성과 불순종을 고백한다면, 우리 기독교 공동체는 다시 오순절의 능력을 회복할 수 있을 것입니다. 우리는 이 둘의 차이를 직시하면서 에베소에서 일어난 이러한 사건이 주는 교훈에 대해 깊이 생각해야 합니다.

••• 미숙아로 만족하지 마십시오 •••

우리가 건강한 그리스도인으로 살아가기 위해서는 우리 안에 내주하시는 성령을 받았다는 분명한 자각(自覺)이 절대적으로 필요합니다.

만약에 그렇지 않다면, 바울은 "너희가 믿을 때에 성령을 받았느냐?"는 질문을 절대로 하지 않았을 것입니다. 에베소교회의 제자들 역시 모두 믿음이 있는 자들이었습니다. 하지만 그들에게 있어서는 이 점이 부족했습니다. 예수께서 이 땅에 계실 때, 그 분을 따라다니던 제자들 역시 참다운 믿음을 가진 자들이었습니다. 그러나 주께서는 그들에게 하늘로 올라가신 당신으로부터 성령을 받기까지는 안주(安住)하지 말 것을 명령하셨습니다. 바울도 마찬가지였습니다. 하늘의 영광 가운데 계신 주님을 본 바울은 그 환상을 통해 회심을 체험했습니다. 그러나 주님께서 바울의 삶에 행하시려는 영적인 사역은 아직 완성되지 않았습니다. 아나니아가 그에게 가서 안수했을 때 바울은 성령으로 충만하게 됐습니다. 그제야 바울은 그리스도를 증거하는 자가 될 수 있었습니다.

이러한 모든 사실들은 우리 안에서 역사하시는 성령의 사역에는 두 종류가 있다는 사실을 가르쳐 줍니다. 첫째는 성령의 예비적인 사역입니다. 성령은 우리를 회심하게 하고, 믿음으로 인도하시며, 더 나아가 선하고 거룩한 것을 행하도록 권면하십니다. 그렇지만 우리 안에 내주하시지는 않습니다. 둘째는 성령의 보다 고차원적이고 진보된 사역으로서, 우리가 성령을 하나님의 선물이요, 우리 영혼을 전적으로 책임지시고, 우리 안에 항상 내주하시는 분으로 모셔 들일때 이루어지는 단계입니다. 이것이야말로 그리스도인의 이상적이고 충만한 삶입니다.

• • • 우리는 지금 어디에 있습니까? • • •

의도적인 성령의 내주에 대해 거의, 혹은 전혀 알지 못하는 그리스도의 제자들이 있습니다. 이 말을 이해하는 것은 대단히 중요합니다. 이러한 사실에 대해 더욱 확신할수록, 우리는 오늘날 교회의 모습을 더욱 잘 이해하고, 우리가 실제 처해 있는 위치를 발견할 수 있습니다.

우리가 사마리아에서 일어난 사건에 대해 생각할 때, 제가 언급하고 있는 상태는 매우 분명해질 것입니다. 전도자 빌립은 그곳에서 복음을 전했습니다. 많은 사람이 예수님을 믿고 그분의 이름으로 세례를 받았으며, 도시가 온통 큰 기쁨으로 가득 찼습니다. 이 소식을 들은 사도들은 베드로와 요한을 파송했으며, 사마리아에 도착한 그들은 새로운 개종자들이 성령을 받도록 기도했습니다(행 8:16-17). 이 선물은 구주 예수안에 있는 회심, 믿음, 기쁨으로 그들을 인도하는 성령의 사역과도 상당히 다른 것이었습니다. 왜냐하면 성령은 그들의 마음을 성결하게 하고 충만하게 하기 위해, 영광의 주께서 능력으로 내주하시기 때문입니다.

사마리아의 제자들이 앞서 언급한 새로운 경험을 겪지 않았더라도, 그들은 여전히 그리스도인들이었을 것입니다. 하지만 연약한 상태의 신자로 남았을 것입니다. 이와 마찬가지로, 오늘날의 수많은 그리스도인들이 성령의 이러한 선물에 대해 전혀 모른 채 살아가고 있습니다.

선하고, 애정이 있으며, 심지어 열정과 사모함이 있어도, 그리스도인의 삶은 연약함과 흔들림, 실망 때문에 방해를 받고 있습니다.

● ● ● 우리는 신실하게 예배드릴 수 있나요? ● ● ●

복음이 능력있는 것은 성령께로 인도하기 때문입니다. 주님은 제자들을 3년 동안 가르치고 훈련시킨 후에도 해결하셔야 하는 목표가 여전히 있었습니다. 그것은 제자들을 아버지께서 약속하신 하늘로부터 임하실 성령을 기다리도록 이끌어 주는 것이었습니다. 이 부분은 오순절 날 베드로가 선포한 설교의 핵심이기도 했습니다. "베드로가 가로되 너희가 회개하여 각각 예수 그리스도의 이름으로 세례를 받고 죄 사함을 얻으라. 그리하면 성령을 선물로 받으리니." (행 2:38)

사도 바울도 동료 신자들에게 "너희가 하나님의 성전인 것을 알지 못하느뇨?"(고전 3:16)라고 물은 것은 이 점을 염두에 둔 것이었습니다. 바울은 그들에게 성령 충만해야 할 것을 상기시켰습니다(엡 5:18).

그렇습니다. 신앙생활에 있어 가장 필요한 것은 성령을 받는 것이고, 성령을 받은 후로는 그 사실을 자각하며 성령과 조화를 이루며 사는 것입니다. 복음적인 목사라면 종종 성령에 대해 설교해야 합니다. 그뿐 아니라, 회중들에게 성령의 내주와 그 분의 지속적인 역사 없이는 진정한 예배를 드릴 수 없다는 사실을 가르치기 위해 힘써야 합니다.

신자를 성령님께로 인도하기 위해서는, 자신들이 얼마나 무력한 존재인지 깨닫게 해주어야 합니다. 이것이 바로 "너희가 믿을 때에 성령을 받았느냐?"라고 바울이 질문한 이유입니다. 목마른 사람만이 열심히 물을 마시고, 병든 자만이 의사를 찾습니다. 마찬가지로, 신자들이 자신의 연약과 죄악 된 영적 상태를 인정할 수 있을 때에만 오순절의 충만한 축복에 대한 설교가 그들 마음에 심겨질 것입니다.

많은 그리스도인들이 자신들의 삶에서 부족한 것은, 열심과 능력이라고 생각합니다. 그래서 열심과 능력이 더 있다면, 아무 것도 문제가 없을 것이라고 생각합니다. 이러한 생각을 하기 때문에 온전한 구원을 경험하지 못합니다. 따라서 그리스도인들이 성령에 대해 올바른 이해조차 못하고 있는, 이러한 사실이 밝혀져야 합니다.

성령님께 올바른 태도로 나아가지 않고, 성령의 예비적인 사역은 알지만 그 분이 내 안에 내주하신다는 것을 알지 못한다는 것을 깨달아야 합니다. 또한 더 높은 차원으로 가는 길이 열려져 있고, 거기에 이를 수 있다는 것을 깨달을 때 가능합니다.

이러한 발견을 위해 각자가 구체적이고도 개인적으로 다음 질문을 스스로에게 할 수 있어야 합니다. "너희가 믿을 때에 성령을 받았느냐?" 이 질문에 대한 답이 마음 깊은 곳에서 느껴지고 매우 진지한 관심으로 자리 잡을 때, 그에게는 영적인 부흥이 가까이 와 있다고 말할 수 있습니다.

••• 이 축복을 다른 이도 받을 수 있도록 도우십시오 •••

사도행전을 읽다보면, 종종 "안수하고 기도하더라."는 내용을 보게 됩니다. 심지어 주님의 직접적인 개입으로 회심을 경험한 바울같이 위대한 인물도 아나니아의 안수 기도를 통해 성령을 받아야 했습니다(행 9:17).

이것은 복음 사역자와 신자들이 다른 사람들에게 믿음과 용기의 통로가 되기 위해서는 성령의 능력을 받아야 한다는 것을 암시합니다. 믿음이 연약한 자들이 이러한 축복을 받기 위해서는 먼저 누리는 자들의 도움이 필요합니다. 그러나 이러한 축복을 이미 받은 자들도, 받기 원하는 자들과 마찬가지로, 성령의 축복을 누리기 위해서는 전적으로 하나님께 의지하고, 모든 것을 주님으로부터만 받기를 기대해야 한다는 사실을 한시도 잊어서는 안 됩니다.

성령의 은사는 하나님으로부터만 옵니다. 성령께서는 모든 새로운것을 위로부터 부어주십니다. 그렇기 때문에 하나님과의 빈번한 개인적 교제가 꼭 필요하다는 것입니다. 하나님께서 축복의 수단으로 사용하실 성령으로 충만한 사역자뿐 아니라, 그것을 받기 원하는 신자 역시 하나님과의 직접적이고 긴밀한 교제를 위해 그분을 만나야 합니다. 모든 좋은 은사가 하늘로부터 오기 때문입니다. 이 사실을 믿을 때 오순절의 충만한 축복을 담대하게 기쁨으로 구할 수 있는 용기를 가질 수 있게 될 것입니다. 그리고 지속적으로 성령의 인도를 받는 삶에 가까이 다가선 것을 느낄 수 있게 될 것입니다.

오순절의 축복을 선포하고, 그것을 전하는 일이야말로 기독교 공동체를 첫 오순절 때와 같은 능력 있는 공동체로 회복시킬 것입니다.

오순절 날 "다른 방언을 말하는 것"과 예언하는 것은 성령이 충만히 임한 결과였습니다. 20년이 지난 후 에베소에서도 오순절 날과 똑같은 기적이 다시 나타났습니다. 성령의 영광스러운 은사들이 눈에 보이는 표적과 보증으로 입증된 것입니다. 우리는 이러한 사실을 통해 성령을 받아들이는 곳, 그리고 성령충만을 선포하고 전하는 곳에서는 오순절 때 성령 체험을 한 자들과 같은 축복된 삶이 회복될 것을 믿습니다.

점점 더 많은 사람들이 오늘날 교회가 능력을 잃어가고 있다는 것을 인식하고 있습니다. 은혜를 전달하는 매체가 더욱 다양해졌는데도 불구하고, 신자들에게서 하나님의 구원하시는 전도의 능력을 찾아보기 힘들며, 목회자들의 설교 속에는 회심으로 이끄는 능력이 사라지고 있습니다. 교회가 불신앙과 세상적인 것을 갈등하는 모습을 거의 찾아볼 수 없었습니다.

이러한 현상이 잘못되었다는 것을 선포하는 것은 당연한 일입니다. 이 같은 문제점이 정확하게 지적되었다면, 오히려 하나님의 자녀들이 진리의 하나님 말씀으로 인도했을지도 모릅니다. 교회가 오순절의 충만한 축복을 다시 믿기 시작할 때, 신자들은 놀라운 힘을 되찾게 될 것이며, 또 본래 그들이 해야 할 중요한 사명을 감당하게 될 것입니다.

••• 교회에는 증인이 필요합니다 •••

세례 요한이 예수 그리스도를 성령으로 세례를 줄 분이라고 선포했던 것처럼, 우리에게는 이 복음을 전할 많은 목사와 교사가 필요합니다. 성령의 역사에 대한 직접적인 목격자요, 성령 역사의 산 증거인 목회자가 선포하는 하나님의 말씀은 그리스도인의 마음을 쪼개고 확신하도록 할 것입니다. 초대교회 제자들은 무릎으로 성령 세례를 받았으며, 무릎으로 다른 사람을 위한 성령 사역을 유지하며 행했습니다. 오늘도 우리는 무릎을 통해서 성령의 충만한 축복을 받을 것입니다. 하나님으로부터 충만한 복을 받기 위해 늘 이러한 자세를 가지도록 합시다.

당신은 예수 그리스도를 믿은 후 성령을 받았습니까? 우리가 하나님의 성령으로 충만하고, 오순절의 축복을 온전히 누리는 것이 우리를 향한 하나님의 뜻입니다. 하나님 앞에서 자신의 삶과 사역에 이러한 질문을 해 본 후, 솔직한 결론을 가지고 하나님께 나아가시기 바랍니다.

당신에게 부족한 것이 있다면 하나님 앞에 과감하게 고백하십시오. 비록 당신이 이러한 축복과 그것을 받는 방법에 대해 충분히 이해하지 못했다 할지라도, 절대 두려워하거나 물러서지 마십시오. 초대교회 제자들은 주님의 이름을 불렀고, 기도하고 간구하며 기다렸습니다.

마음 가운데 자신에게 부족한 것이 있다는 것을 깊이 확신하고, 하나님께서 주시려는 것을 사모하며, 그것을 위해 모든 것을 희생할 각오를 가지십시오. 그제야 비로소 당신은 예루살렘과 사마리아, 가이사랴 그리고 에베소에서 일어난 놀라운 사건이 다시 일어나게 되리라는 것을 확신할 수 있습니다. 우리는 성령으로 충만하게 될 것입니다.

영적 탁월함을 추구하며

건강한 그리스도인의 삶을 위해서는 우리가
내주하시는 성령을 받았다는 분명한 확신과 자각이 필요합니다.

CHAPTER 2

얼마나 영광스러운 일인지!

"그들이 다 성령의 충만함을 받고."

사도행전 2:4

우리가 성령으로 충만하게 되는 것에 대해 말하고, 그것이 정확히 무엇인지를 알기 원할 때, 우리의 생각은 언제나 오순절 날로 돌아갑니다. 성령으로 말미암아 하늘로부터 복이 임했다는 것은 얼마나 영광스러운 일입니까!

오순절 날의 위대한 사건을 특별히 교훈적이게 만드는 한 가지 사실은 우리가 성령으로 충만하게 된 사람들에 대해 익히 잘 알고 있다는 점입니다. 우리는 그들이 예수님과 교제하며 보낸 3

년간의 삶을 통해 그들의 약점, 흠, 죄, 이중성들을 아주 잘 알고 있습니다.

그러나 오순절 날의 축복은 그러한 제자들에게 완전한 변화를 가져왔습니다. 그들이 얼마나 완전한 새 사람이 되었는지를 우리는 다음과 같은 성경 말씀을 통해 알 수 있습니다. "이전 것은 지나갔으니 보라 새 것이 되었도다"(고후 5:17). 우리는 그들을 통해 여러가지 유익을 얻을 수 있습니다. 그것을 통해 우리는 성령께서 연약하고 죄악에 빠진 사람들에게 임하신다는 사실을 깨닫게 됩니다. 그리고 그들이 축복을 받기 위해 어떻게 준비되어 있었는지를 알게 됩니다. 우리는 또 성령을 충만히 받을 때, 얼마나 강하고 완전한 변화가 일어나는지를 발견하게 됩니다. 마지막으로, 우리는 오순절의 충만한 축복을 통해 부지런히 영적인 탁월한 것을 추구할 때, 우리 앞에 얼마나 영광스러운 은혜가 예비 되어 있다는 사실을 알게 됩니다.

••• 약속의 성취 •••

예수 그리스도의 영원한 임재(臨在)**와 내주**(內住)는 오순절적인 삶을 사는데, 가장 우선적이면서도 중요한 축복입니다. 우리 주님은 세상에서 당신의 제자들과 함께 하시면서, 그들을 가르치고 훈련시키며, 새롭게 하고 거룩하게 하는 일에 혼신을 바치셨습니다. 하지만 그들은 별로 변화되지 않았다. 그 이유는 지금까지 그분은 내주하시는 것이 아니라, 분리된 외부적 존재이셨기 때문에, 말과 인격으로 영향을 주실 수밖에 없는 예수님이셨습니다.

그러나 오순절 날이 이르자 상황은 완전히 달라졌습니다. 그분께서는 성령 안에 거하시는 그리스도로 오셔서 그들의 삶 가운데 생명이 되셨습니다. 그분께서는 당신의 말씀 가운데 이것을 이미 약속하셨습니다. "내가 너희를 고아와 같이 버려두지 아니하고 너희에게로 오리라. 그날에는 내가 아버지 안에, 너희가 내 안에, 내가 너희 안에 있는 것을 너희가 알리라"(요 14:18, 20).

이것은 오순절 날 임한 다른 모든 축복의 근원이었습니다. 십자가에 못 박히신 예수 그리스도께서 그들에게 직접적이고도 강한 방법으로 항상 임재하시기 위해 영적인 능력으로 오신 것입니다. 그들은 지상에서 인간의 육체로 함께 지낸 그분을 이제는 하늘의 영광 가운데 계신 성령을 통해 모셔들인 것입니다. 제자들은 외부에 계시는 예수님이 아니라, 자기들 안에서 함께 하시는 예수님을 모신 것입니다.

가장 중요한 이 축복으로부터 두 번째의 축복이 나왔습니다. **그것은 예수 그리스도의 영이 그들에게 생명과 거룩하게 하는 능력으로 임한 것입니다.** 주님께서는 종종 당신의 제자들에게 그들의 교만을 꾸짖으시고는, 겸손할 것을 명령하셨습니다. 하지만 그것은 아무 효과가 없었습니다. 심지어 주님의 지상 생활의 마지막 날 밤에 있었던 최후의 만찬 자리에서도, 제자들은 누가 가장 큰 자가 되어야 할 것인지에 대한 문제로 다투었습니다. "또 저희 사이에 그 중 누가 크냐 하는 다툼이 난지라"(눅 22:24).

제자들 밖에 계시면서 그들을 가르치신 그리스도의 교훈이 상당한 영향을 주었을지라도, 저들을 그들 안에 있는 죄의 권세로부터 구원하기에는 충분하지 못했습니다. 그것은 오직 그리스도의 내주를 통해서만 실현이 가능했습니다. 제자들은 그리스도께서 성령으로 그들 가운데 임하셨을 때 완전한 변화를 체험했습니다. 그들은 하늘의 겸손을 보이시고 하늘아버지께 복종하시며 인간을 위한 희생제물이 되신 분을 모셔들인 것입니다. 그때부터 모든 것이 변화되었습니다. 그 순간부터 그들은 온유하고 겸손하신 예수님의 영을 통해 참된 생명을 얻었습니다.

그럼에도 불구하고 많은 그리스도인들은 십자가에 달리신, 우리 바깥에 계신 그리스도 밖에 모릅니다. 그들은 오순절의 축복이 그분을 우리 안에 들어오게 했다는 사실을 이해하지 못한 채 여전히 그분께서 가르치시고 역사해주실 것을 기다리고 있습니다. 이것이 바로 그들이 성화(聖化)에 이르지 못하는 이유입니다. 우리 안에 계신 그리스도야말로 우리를 진정으로 거룩하게 하시는 분입니다.

• • 사랑의 삶을 사는 것 • •

하나님의 사랑이 넘치는 마음 역시 오순절의 축복 가운데 하나입니다. 주님께서 교만 다음으로 당신의 제자들을 자주 꾸짖은 죄가 사랑이 없는 것이었습니다. 이 두 가지의 죄는 마치 실제 같은 뿌리를 가지고 있습니다. 즉 자신을 기쁘게 하려는 욕망이 바로 그것입니다. 서로를 사랑하라는 것은 그들이 예수님의 제자라는 것을 모든 사람에게 알게 해 주는 성품이며 예수님이 그들에게 주신 새언약이기도 했습니다.

오순절 날 주님의 영이 거기에 모인 자들의 마음에 당신의 사랑을 넘치게 부어주셨을 때, 그러한 사랑이 영광스럽게 나타났습니다. 믿음을 가진 그 곳에 모인 무리의 마음과 생각은 서로 하나가 되었습니다. 그들은 자기들이 가진 것을 모두 함께 나누었습니다. 그들 중에는 자기가 가진 것을 자기의 것이라고 말하는 자가 아무도 없었습니다. 그들에게는 온전한 사랑의 공동체인 하늘나라의 왕국이 임했습니다. 그들은 예수님께서 친히 그들 가운데 임하시므로 그분의 영과 성품과 놀라운 사랑으로 충만하게 되었습니다.

성령의 강한 역사와 예수 그리스도의 내주는 사랑의 실천과 불가분의 관계에 있습니다. 바울이 에베소 교회의 교인들을 위해 기도할 때 이것이 나타났습니다. 바울은 그들이 성령의 능력으로 강해지므로 그리스도께서 그들의 마음 가운데 거하시기를 위해 기도했습니다. 그리고 곧 이어서 다음과 같이 기도했습니다. "너희가 사랑 가운데서 뿌리가 박히고,… 능히 모든 성도와 함께 지식에 넘치는 그리스도의 사랑을 알아"(엡 3:17, 19).

성령으로 충만하게 되고 그리스도께서 내주하실 때 우리는 사랑 가운데 뿌리가 박히고, 기쁨과 능력과 확신이 있는 삶을 살게 됩니다. 그것은 그리스도께서 곧 사랑이시기 때문입니다. 성령으로 충만하게 되는 것이 아버지께서 우리에게 약속하신 축복의 실현이라는 것을 깨달을 때, 교회는 하나님의 사랑으로 충만하게 될 것입니다. 또한 세상은 교회가 생명을 위해 가장 필요한 것을 하늘로부터 받았다는 사실을 확신하게 될 것입니다.

• • • 용기와 능력을 받는 것 • • •

우리는 베드로가 주님을 부인하고, 다른 모든 제자들 역시 주님을 버리고 떠난 사실을 압니다. 제자들의 마음은 진정으로 주님께 향해 있었으며, 그들은 자기들이 약속한 것을 기꺼이 행하고 그분과 함께 죽을 각오가 되어 있었습니다. 그러나 위기의 순간이 닥치자 그들은 용기와 능력이 없었습니다. 그러나 오순절의 성령 축복을 받은 후에는 그것이 이미 문제가 되지 않았습니다. 그리스도께서 우리 안에 내주하실 때, 하나님께서는 우리에게 우리의 뜻과 행동을 실천에 옮기도록 역사하십니다.

오순절 날 베드로는 수 천 명의 적대적인 유대인들을 향해 예수님에 대해 설교했습니다. 그는 백성의 지도자들 앞에서도, "사람보다 하나님을 순종하는 것이 마땅하니라."(행 5:29)고 담대히 외쳤습니다. 스데반과 바울 그리고 많은 다른 사람들은 기쁨으로 담대하게 위협과 고통과 죽음에 맞섰습니다. 그들이 이렇게 담대하게 행할 수 있었던 것은 그리스도의 영, 즉 모든 것을 이기신 그리스도께서 친히 영광 가운데 그들 안에 거하셨기 때문입니다. 오순절 축복의 기쁨이 우리에게 예수님을 전할 수 있는 용기와 능력을 주는 것은 그것이 우리의 마음을 그리스도로 충만하게 하기 때문입니다.

오순절의 축복은 하나님의 말씀을 새롭게 합니다. 우리는 제자들에게서 이러한 사실을 매우 분명하게 볼 수 있습니다. 당시의 모든 유대인들과 마찬가지로, 메시아와 하나님 나라에 대한 그들의 생각은 외적이고 현실적인 것이었습니다. 예수님께서 3년간의 공생애 기간 동안 가르치신 모든 교훈도 그들의 생각을 바꿀 수 없었습니다. 제자들은 고난과 죽음의 메시아에 대한 교리와 예수님이 말씀하시는 눈에 안 보이는 왕국에 대한 소망을 이해할 수 없었습니다. 주님께서는 부활하신 후에도 제자들의 불신앙과 성경을 이해하지 못하는 것에 대해 그들을 꾸짖으셨습니다.

그러나 오순절 날, 성령이 임하셔서 동시에 완전한 변화가 나타났습니다. 그들에게는 지난 날 이해되지 않았던 성경 말씀이 이해됐습니다. 왜냐하면 그들 안에 있는 성령의 빛이 말씀을 조명해 주었기 때문입니다. 우리는 베드로와 스데반의 설교와 바울과 야고보의 강론에서 구약에 대해 하나님의 빛이 나타난 것을 보게 됩니다. 그들은 자기들 안에 거하시는 예수님의 영을 통해 모든 것을 보았습니다.

우리에게도 이러한 것이 가능합니다. 우리에게는 우리의 생각과 마음과 일상적인 삶 가운데 성경을 묵상하고, 하나님의 말씀을 기억하는 것이 반드시 필요합니다. 그러나 영적인 능력과 말씀의 진리를 온전히 체험하는 것은 우리가 성령으로 충만하게 될 때만 가능하다는 사실을 우리는 항상 기억해야 합니다. 성령께서는 "진리의 영"이 되십니다. 그 분께서 우리 안에 거하실 때에만 우리를 모든 진리 가운데로 인도하실 수 있습니다.

••• 다른 사람들을 축복하는 능력 •••

존귀하신 그리스도께서는 당신의 종들을 통해 회개와 죄를 사하시는 신적인 능력을 행하십니다. 예수 그리스도를 통한 회개와 죄를 사하시는 것을 선포해 영혼을 구원시키기 원하는 복음 사역자들은 그것을 예수님의 영적인 능력으로 행해야 합니다. 오늘날 회심과 용서에 대한 많은 설교들에 열매가 없는 이유는 진리가 하나의 교리로만 전해지기 때문입니다.

어떠한 설교자들은 청중의 마음을 단지 인간적인 진지함이나 논리, 혹은 뛰어난 화술로 접근하려 합니다. 그러나 이러한 방법으로는 거의 아무 목적도 이룰 수가 없습니다. 내주하시는 그리스도의 영으로 충만하게 되기를 소원하는 자에게만 주님은 말씀하고 역사하십니다. 그러한 사람은 항상 동일하지 않지만, 반드시 축복을 받게 됩니다.

그리스도의 종은 설교할 때나 매일의 삶 속에서 오순절의 충만한 축복을 누려야 합니다. 그렇게 해서 다른 사람들이 이 충만한 복을 받게 하는 축복의 통로가 되어야 합니다. 예수님께서는, "누구든지 나를 믿는 자는 그 배에서 생수의 강이 흘러나리라"(요 7:38)고 말씀하셨습니다. 이것은 바로 성령을 말합니다. 성령으로 충만한 마음에서 성령이 흘러넘친다는 사실을 기억하십시오.

오순절은 하나님이 원하시는 교회가 되게 하는 축복입니다.
우리는 지금까지 성령이 개개인 신자들에게서 행하시는 것에 대해 살펴봤습니다. 전 교회가 성령으로 충만하라는 부르심에 응답해야 합니다. 세상을 향해 예수 그리스도의 삶과 능력과 임재를 보여줄 때, 어떠한 축복이 나타날 것인지를 생각해보시기 바랍니다. 우리는 각자가 자신을 위해 이러한 축복을 추구할 뿐 아니라, 그리스도의 모든 지체가 축복을 받기전 까지는 온전한 축복을 받을 수 없다는 사실을 기억해야 합니다. "만일 한 지체가 고통을 받으면 모든 지체도 함께 고통을 받고"(고전 12:26).

만약에 교회의 많은 신자들이 이러한 축복을 받지 않은 상태에 머물러 있는 것에 만족한다면, 모든 교회가 고통을 받을 것입니다. 그럴 때 개개인 신자에게도 축복이 온전한 나타나지 못할 수 있습니다. 따라서 성령으로 충만한 것이 우리에게는 어떠한 의미인가를 생각할 뿐만 아니라, 그것이 교회에 어떠한 영향을 주는지에 대해서도 깊이 생각하는 것이 매우 중요합니다.

••• 당신은 세상과 구별된 자가 될 것인가? •••

오순절 날 아침을 회상해 봅시다. 당시에 예루살렘 교회는 가난한 자와 배우지 못한 어부, 세리, 하층 계급의 여성들이 대부분이었습니다. 다시 말해서, 사회적으로 하찮고 천대받는 120명의 제자들이었습니다. 그러나 하나님 나라는 바로 이러한 신자들을 통해 선포되고 확장되어야 했으며, 그들은 그것을 해냈습니다.

그들과 모인 무리들을 통해 유대인들의 강한 편견과 이방인들의 강퍅한 마음이 정복되었으며, 그리스도의 교회는 영광스러운 승리를 얻었습니다. 이와 같은 엄청난 결과는 초대교회 성도들이 오직 성령으로 충만했기 때문에 성취된 것입니다. 초대교회 교인들은 자신을 온전히 주님께 드렸습니다. 그들은 자신들이 오직 주님 때문에 충만하게 되고, 거룩해지며 통치되고, 사용되도록 자신을 내어드렸습니다. 그들은 주님의 능력이 나타나는 도구로 자신들이 사용되기를 위해 자신을 드린 것입니다. 그리고 주님께서는 그들 안에 거하시고 그들을 당신의 모든 놀라운 일을 행하는 데 사용하셨습니다.

오늘날 그리스도의 교회들이 바로 이러한 경험을 회복해야 합니다. 이 회복이야말로 교회가 죄와 세상과의 갈등에서 승리하도록 돕는 유일한 방법인 것입니다. 교회는 성령으로 충만해야 합니다.

사랑하는 그리스도인들이여, 당신과 주님의 모든 교회 앞에는 지금 이러한 소명이 있습니다. 우리에게는 이제 한 가지 일이 필요합니다. 그것은 우리가 성령으로 충만하게 되는 것입니다. 성령 충만을 구하고 찾고 나서야, 모든 것을 이해하고 깨달을 수 있습니다. 성령으로 충만하기를 사모하는 자들에게 하나님께서는 그들이 알 수 있는 것 이상을 보여주십니다. 당신은 행복을 맛보게 될 것이며, 당신의 마음에 예수를 모셔들이는 축복을 인격적으로 경험하게 될 것입니다. 그때서야 비로소 거룩과 겸손, 사랑과 자기희생, 담대함과 능력의 영이신 성령과 친밀해질 수 있습니다.

당신 안에 하나님의 말씀이 있다면, 당신은 그것을 다른 사람들에게 축복으로 전할 수 있을 것입니다. 당신이 본래의 영광 가운데 있는 그리스도의 교회를 보기 원한다면, 모든 악한 것으로부터 떠나고, 그것을 당신의 마음에서 버리며, 성령으로 충만하기를 소원하십시오. 이것을 당신이 받아야 할 마땅한 유업으로 여기십시오. 믿음으로 그것을 소유하고 붙잡으십시오. 그러면 당신에게 분명히 주어질 것입니다.

영적 탁월함을 추구하며

성령으로 충만하며 그리스도를 마음에 모시고
생명에 뿌리를 둔 기쁨과 능력과 사랑으로 살아야 합니다.
그리스도는 사랑이기 때문입니다.

CHAPTER

3

어떻게 받을 수 있습니까?

"너희가 나를 사랑하면 나의 계명을 지키리라 내가 아버지께 구하겠으니 그가 또 다른 보혜사를
너희에게 주사 영원토록 너희와 함께 있게 하리니 그는 진리의 영이라."

요한복음 14:15-17

나무는 항상 씨앗이 가진 생명대로 자라갑니다. 모든 생명체는 반드시 태어날 때 받은 본질을 따르고, 그것의 통치를 받도록 되어 있습니다. 마찬가지로, 교회는 처음 탄생한 날 성령으로부터 약속과 성장을 보장받았습니다. 우리는 종종 오순절 날을 뒤돌아보며, 하나님께서 그 날 당신의 백성들에게 행하신 일들을 충분히 이해하고, 받으며, 경험할 때까지 깨어있어야 합니다. 제자들

의 마음은 성령을 받을 준비가 되어 있었습니다. 오늘날 우리는 그들과 동일한 축복을 누리기 위해서는 어떻게 해야 한다는 것을 압니다. 초대교회의 제자들은 우리가 성령 충만할 수 있도록 우리에게 안내자의 역할을 해줍니다.

저들이 하늘로부터 오는 선물들을 받을 수 있는 이유는 무엇이었을까요? 그들이 하나님께서 거하시기에 합당한 그릇이 될 수 있었던 이유는 무엇일까요? 이러한 질문에 대한 올바른 답변은 성령으로 충만하려는 우리에게 커다란 도움을 줄 것입니다.

••• 초대교회의 제자들 •••

그들은 항상 주 예수 그리스도의 곁에 있었습니다. 하나님의 아들이 이 땅에 오신 것은 당신이 아버지와 함께 누리고 있던 신적인 생명을 인간과 나누기 위해서였습니다. 이 방법으로 하나님의 생명이 피조물에게로 들어갈 수 있었습니다. 아들이신 예수님은 순종과 죽음과 부활을 통해 당신의 사명을 완수하신 후, 하나님의 보좌가 있는 하늘로 올라가셨습니다. 이렇게 하신 것은 당신의 제자들과 교회가 영적인 능력 안에서 당신의 생명에 참예하게 하시기 위해서였습니다. 요한복음 7장 39절은 "예수께서 아직 영광을 받지 못하신 고로 성령이 아직 저희에게 계시지 아니 하시더라."고 기록하고 있습니다. 하나님의 영이 인간에게 완전히 거하시는 것은 예수님께서 영광을 받으신 후에만 가능했습니다. 오순절 날 제자들이 받은 것은 영광을 받으신 예수님의 영으로, 그분의 모든 지체들에게 임했습니다.

만약에 성령께서 예수님 안에 충만히 거하신다면, **보혜사 성령의 충만한 은사를 받기 위한 첫 번째 조건은 그분과의 개인적인 교제입니다.** 예수님께서 제자들과 깊은 교제를 가지신 것은 이러한 목적 때문이었습니다. 주님은 제자들이 늘 당신 곁에 있기를 원하셨습니다. 주님은 제자들이 진정 당신과 하나 되기를 원하셨습니다. 주님은 할 수 있다면 제자들이 당신과의 동일성을 느끼기 원하셨습니다. 제자들은 지식과 사랑과 순종을 통해 내면적으로 주님과 가까워졌습니다. 이것은 제자들이 주님의 영광스러운 영에 참여하기 위한 준비였습니다.

여기서 우리가 배우는 교훈은 지극히 단순하지만, 그것에는 매우 심오한 의미가 있습니다. 많은 그리스도인들이 주님을 믿고, 열심히 섬기며, 거룩하게 되기를 간절히 추구하지만, 그들의 노력이 성공하지는 못합니다. 때로는 그들이 성령의 약속을 이해하지 못하는 것처럼 보이기도 합니다. 성령으로 충만하게 되기를 바라는 그들의 소망이 거의 아무런 영향을 주지 못합니다.

이유는 분명합니다. 그들은 주 예수와의 개인적인 관계와 친밀함이 결핍되어 있습니다. 제자들에게는 너무나 두드러진 특징인 사랑하는 주님 그리고 최고이며 가장 가까운 친구라는 자연스런 언급이 그들에게는 없습니다. 그런데 이러한 친밀감은 꼭 필요한 것입니다. 오직 우리의 마음이 주 예수께 온전히 사로잡히고, 전적으로 그를 의지할 때만 성령의 충만을 소망할 수 있습니다.

••• 그들은 예수를 위해 모든 것을 버렸습니다 •••

"값을 치르지 않고는 아무 것도 얻을 수 없다." 이 격언은 심오한 진리를 담고 있습니다. 내게 아무 값어치가 없는 것일지라도 내게 많은 값을 치르게 할 수 있습니다. 그것을 준 사람에 대한 의무감 때문에 실제 그것이 가지고 있는 가치보다, 더 많은 값을 치러야 하는 경우가 있습니다. 그것을 소유하고 간직하기 위해서는 실제 청구되어야 할 값보다 더 많은 액수를 지불해야 하므로, 어려움을 당하는 경우가 있습니다. "값을 치르지 않고는 아무 것도 얻을 수 없습니다."

이러한 격언은 하늘나라의 삶에 있어서도 똑같이 적용이 됩니다. 매우 값진 진주와 밭에 감춘 보물에 대한 비유는 우리에게 하늘의 재물을 얻기 위해서는 우리가 갖고 있는 모든 것을 팔아야 한다는 것을 가르치고 있습니다. 이것은 예수님께서 당신을 따라야 할 제자들에게 실제로 요구하신 포기입니다. 이것은 또 주님께서 설교 가운데 종종 반복하신 요구이기도 합니다. "이와 같이 너희 중에 누구든지 자기의 모든 소유를 버리지 아니하면 능히 내 제자가 되지 못하리라"(눅 14:33).

우리가 중간에 서 있는 두 세상은 서로 갈등 관계에 있습니다. 우리가 살고 있는 세상의 영향력은 우리에게 너무나 강하기 때문에 종종 우리는 세상으로부터 물러서야 할 때가 있습니다. 예수님께서는 제자들에게 하늘에 속한 것을 늘 바라도록 훈련시키셨습니다. 그래야 제자들이 흔들리지 않고 하늘의 은사를 소망하고 받을 준비가 되기 때문입니다.

주님께서는 우리에게 세상에서 우리가 얼마나 많은 것을, 어떠한 방법으로 버려야 할 것인지에 대한 외적인 기준을 남기지 않으셨습니다. 예수님께서는 당신의 말씀 가운데 우리가 희생과 세상으로부터 자신을 구별하려는 노력이 없이는 은혜를 결코 체험할 수 없다는 것을 가르치고 계십니다. 우리에게는 지금 자기가 의식하지 못할 만큼 세상의 영이 우리 안에 아주 깊이 들어와 있습니다. 그래서 우리는 이것을 잘 인식하지 못할 정도입니다. 우리는 안락함, 쾌락, 자기만족, 자기높임이라는 세상적 욕망을 얻으려 합니다. 그리고 이러한 것들이 우리가 성령으로 충만하게 되는 것에 얼마나 방해가 되는지 모르고 살아갑니다.

우리는 초대교회 제자들로부터 우리가 하늘나라의 영으로 충만하게 되기 위해서는 이 세상의 자녀나 세상적인 그리스도인과 절대로 가까이 지내서는 안된다는 교훈을 배워야 합니다. 우리는 문자 그대로 이 땅에서 하늘나라를 대표하는 완전히 다른 사람으로 살아가야 합니다. 왜냐하면 우리는 하늘에 계신 왕의 영을 영접했기 때문입니다.

••• 자신의 대적을 인식하는 것 •••

인간에게는 마귀가 그를 유혹하고, 또 자기가 대항해서 싸우지 않으면 안 되는 두 가지의 적이 있습니다. 하나는 외부의 세상과의 싸움이며, 다른 하나는 자신의 내면과의 싸움입니다. 이 중에서 이기적인 자아(Ego)의 적이 첫 번째의 적보다 훨씬 더 위험하고 강합니다. 이기적인 자아는 사람이 세상을 많이 포기하게 할 수 있지만, 그러면서도 자아는 여전히 완벽히 자신을 주장하고 있기 때문입니다.

이러한 현상은 제자들의 경우에서도 잘 나타납니다. 베드로는 진정으로, "보소서 우리가 모든 것을 버리고 주를 좇았나이다."(막 10: 28)라고 말했습니다. 그러나 자기 만족과 자기 확신으로 가득한 이기적인 자아가 여전히 그를 매우 강하게 지배하고 있었습니다.

주님께서는 제자들이 자기의 외적인 소유를 포기하고 주님을 따르게 하기까지 그들을 인도하셨습니다. 예수님께서는 또 제자들에게 당신의 생명에 참여하기 위해서는 자기를 부인하고, 자기 목숨을 버려야 할 것도 가르치셨습니다. 예수님께서 사람들의 마음속에서 역사하시는 것을 방해한 것은 바로 자아 사랑이었습니다.

그들이 자기 속에 있는 이기적인 자아로부터 해방되기 위해서는 그들을 둘러싸고 있는 세상으로부터 해방되기 위한 것보다 더 큰 값을 치러야 했습니다. 이기적인 삶은 죄성(罪性)을 가진 사람에게서 나타나는 지극히 자연스러운 현상입니다. 이기적인 삶에서 자유롭게 되는 방법은 한 가지, 죽음밖에 없습니다. 다시 말해서 먼저 자기의 이기적인 삶에 대해서 죽고, 하나님께로부터 오는 새로운 생명의 능력 안에서 사는 것입니다.

세상을 버릴 것에 대한 가르침은 3년 동안에 걸친 제자 활동과 함께 시작되었습니다. 그 기간의 마지막인 예수께서 십자가에 달리실 때 자신의 삶에 대한 죽음이 처음 실현되었습니다. 예수님께서 죽으시는 것을 지켜본 제자들은 자포자기하고 전에 희망을 걸었던 모든 것에 대해 절망하게 되었습니다.

그들은 주님과 자기들이 기대한 구속에 대해서든 혹은 자기 자신과 주님께 대한 자기들의 부끄러운 불신앙에 대한 생각에서든 간에 모든 것에 대해 절망으로 가득 찼습니다. 그들은 절망 때문에 자아와 자기확신을 잃어버리고 완고한 마음도 깨뜨릴 것을 거의 알지 못했습니다. 하지만 이것은 저들이 완전히 새로운 것, 다시 말해, 그들의 영혼 가장 깊은 곳에서 영광스러운 예수님의 영을 통해 하나님께서 주시는 생명을 누릴 수 있게 했습니다.

우리는 자기도 모르는 사이에 자신을 더 의지하는 것보다 더 우리를 방해하는 것이 없다는 사실을 더 잘 알고 있습니다. 그와 반대로, 우리 자신이나 세상에 속한 모든 것들에 대해 완전히 실망하는 일은 우리 마음을 전적으로 하늘로 향하게 하고, 하늘의 은사들에 참여하게 하는 큰 축복의 통로인 것을 깨달아야 합니다.

• • • 들어보지 못한 기사 • • •

그들은 주 예수 그리스도께서 주신 성령에 대한 약속을 받고 그것을 굳게 의지했습니다.

예수님께서는 고별 설교를 하시면서 당신이 떠나시는 것을 슬퍼하는 제자들에게 하늘로부터 성령을 보내시겠다는 놀라운 약속을 주시고 위로하셨습니다. 그것은 저들에게 주님께서 몸으로 거하시는 것보다 더 완전한 구원의 열매와 능력이 될 것이었습니다. 그분께서 아버지와 함께 누리신 하나님의 생명이 그들 중에 거하게 될 것이었습니다. 그것은 곧 제자들이 주님 안에, 그리고 주님께서 제자들 안에 거하시게 될 것을 의미했습니다. 성령에 대한 약속은 예수님께서 감람산에서 승천하시기 전 제자들에게 말씀하신 마지막 주제였습니다.

제자들은 이 약속의 의미에 대해 거의 알지 못한 것이 분명합니다. 약속에 대한 제자들의 이해가 이렇게 부족했는데도 불구하고 제자들은 그 약속을 굳게 붙잡았습니다. 어쩌면 그 약속이 제자들을 굳게 붙잡았는지도 모릅니다. 제자들 모두는 다음과 같은 한 가지의 생각만이 있었을 뿐입니다. "주님께서 우리에게 약속하셨지. 그것은 우리로 그분의 능력과 영광에 참여하게 할 거야. 우리는 그것이 반드시 이루어지리라는 것을 확신해." 하지만 제자들은 그것이 정확히 무엇인지, 그리고 그것을 어떻게 경험하게 될 것인지에 대해서는 설명할 수 없었습니다. 그러나 제자들은 주님으로부터 들은 약속의 말씀만으로 충분했습니다. 그 축복된 약속을 그들 가운데 실현시킬 분은 주님이시기 때문입니다.

오늘날 우리에게도 이와 같은 자세가 필요합니다. 우리에게도 제자들과 마찬가지로 그리스도의 영광스러운 생명의 능력으로 보좌로부터 내려오신 성령에 대한 약속이 주어졌습니다.

"누구든지 나를 믿는 자는… 그 배에서 생수의 강이 흘러나리라"(요 7:38). 그렇기에 우리는 그 말씀을 굳게 붙잡고, 그 약속의 실현에 우리의 관심을 집중하며, 그 약속을 기업으로 받을 때까지 다른 모든 것들을 포기해야 합니다. 성령충만을 받는 것에 대한 약속은 주님의 입에서 나온 것입니다. 그 충만은 위로부터 능력을 덧입는 충만입니다. 이 충만을 위해 우리의 마음은 요동치 않는 강한 열망과 기쁨의 확신으로 가득차야 할 것입니다.

제자들은 약속이 성취될 때까지 아버지를 기다렸으며, 결국 성령으로 충만하게 되었습니다.

그들은 10일 동안을 예배 처소에서 계속 하나님을 찬양하고 송축하며, 기도하고 간구하는 일을 쉬지 않았습니다. 우리의 열망을 강하게 하고, 확신을 굳게 하는 것만으로는 충분하지 않습니다. 중요한 것은 우리가 하나님 안에 거하고, 그분과의 친밀한 교제를 유지하는 것입니다. 이러한 축복은 하나님께로부터만 옵니다. 하나님께서 우리에게 주셔야만 합니다. 우리는 이러한 선물을 하나님으로부터 직접 받을 것입니다. 우리는 하나님의 전능하신 능력과 사랑의 놀라운 역사를 약속 받았습니다. 우리가 간절히 원해야 할 것은 성령 하나님께서 우리 안에 충만히 거하시는 것입니다. 이것은 하나님께서 우리에게 주셔야 하는 것입니다.

어떠한 사람이 다른 사람에게 빵이나 돈을 나누어 준다고 합시다. 그것을 받은 사람에게 있어서 이미 받은 빵이나 돈은 한 번 먹거나 쓰면 그것으로 끝납니다. 이미 그것으로 무엇을 할 수는 없습니다. 그러나 하나님의 선물인 성령은 그렇지 않습니다. 성령은 하나님이십니다. 하나님께서는 성자 예수님 안에 계셨던 것처럼 성령으로 우리에게 찾아오십니다. 성령의 은사는 삼위 하나님 가운데 가장 개인적인 사역입니다. 그것은 하나님 자신을 우리에게 선물로 주시는 것입니다. 따라서 우리는 그것을 하나님과 가장 가깝고, 개인적인 관계 속에서 받아야 합니다.

이러한 원리에 대해 더욱 분명하게 깨달을수록, 우리는 이러한 축복을 받는데, 우리의 욕심이나 믿음으로 할 수 있는 것이 거의 없다는 사실을 더욱 깊이 느끼게 됩니다. 하나님의 선하심만이 우리에게 그것을 줄 수 있습니다. 우리 속에서 그 분의 전능하신 능력이 역사해야 합니다. 우리는 아버지께서 우리에게 그것을 주기 원하시며, 필요하지 않을 경우 단 1분도 우리에게 더 기다리게 하지 않으신다는 사실을, 평안한 마음 가운데 확신해야 합니다. 따라서 끝까지 참고 기다리는 영혼은 하나님의 영광으로 충만하게 될 것입니다.

모든 나무는 처음 그것의 싹이 나온 뿌리에서 계속 자라갑니다. 오순절은 기독교의 교회를 심는 날 이었고, 성령은 교회의 생명의 능력이 되셨습니다. 우리는 제자들에게 돌아가 그들로부터 실제 필요한 것을 경험하고, 배워야 합니다. 예수님만을 의지하고, 그 분을 위해 세상의 모든 것을 버리며, 자신과 인간의 모든 도움을 포기하고, 약속의 말씀을 굳게 의지하며 "살아계신 하나님"을 의지하는 것이 곧 그것입니다. 이것이 곧 성령의 기쁨과 능력 안에서 살아가는 확실한 길입니다.

영적 탁월함을 추구하며

오직 온전히 주님으로 점령된 마음만이,
오직 그 한 분만 의지하는 마음만이 성령충만을 소망할 수 있습니다.

CHAPTER

4

얼마나 적게 체험하고 있습니까?

"내 말과 내 전도함이 설득력 있는 지혜의 말로 하지 아니하고 다만 성령의 나타나심과 능력으로
하여 너희 믿음이 사람의 지혜에 있지 아니하고 다만 하나님의 능력에 있게 하려 하였노라."
고린도 전서 2:4-5

"내가 세상에 속하지 아니함 같이 저희도 세상에 속하지 아니하였삽나이다." (요 17:16). 바울은 여기에서 두 종류의 설교와 두 종류의 믿음에 대해 말하고 있습니다. 설교자의 영성은 회중의 믿음을 결정합니다. 십자가에 대한 설교가 사람의 지혜의 말로만 전해질 때 청중의 믿음도 사람의 지혜의 수준에 머물게 됩니다. 그러나 설교가 성령의 나타남과 능력으로 선포될 때는 성도들의 믿음 역시 하나님의 능력 안에서 견고하고, 강하게 됩니다.

성령의 나타남 가운데 하는 설교는 그 말씀을 듣는 자들의 말씀과 믿음에 모두 축복을 가져다줍니다. 우리가 성령의 역사를 측량하기 원한다면, 우리는 말씀 선포와 그것으로부터 나오는 믿음에 대해 고찰해야 합니다. 이러한 방법을 통해서만 우리는 진정 오순절의 충만한 축복이 교회 안에서 나타나고 있는지의 여부를 알 수 있습니다.

하지만 오늘날 오순절의 충만한 축복이 실제 일어나는 것을 보는 사람은 거의 없습니다. 그렇기 때문에 어디를 가든지 하나님의 자녀들 사이에서 죄와 연약함에 대해 불평하는 소리를 우리는 종종 듣습니다. 오히려 이러한 불평을 하지 않는 자들은 자신들의 잠잠함이 혹여 무지나 자만으로 비춰질까 두려워 할 정도입니다.

우리는 교회가 심각한 무기력에 빠져 있으며, 오순절의 온전한 축복을 누리는 생명력 있는 상태로 돌아가지 않고서는 도저히 교회의 회복이 불가능 한 상태에 있다는 것을 완전히 확신할 때까지, 이러한 사실에 집중하는 것이 중요합니다. 우리는 자신이 부족한 것을 깊이 느낄수록, 회복을 더욱 빨리 갈망하고 이루게 됩니다. 우리가 교회 안에서 이러한 축복을 얼마나 누리지 못하며,

교회가 하나님께서 원하시는 상태로부터 얼마나 멀리 떠나 있는지에 대해 깊이 생각해야 합니다. 바로 이러한 자각들이 우리를 그 축복을 향해 열망하도록 깨우며 도울 것입니다.

◦ ◦ ◦ 죄를 이기는 능력 ◦ ◦ ◦

예를 들어, 하나님의 자녀들 사이에 죄를 이기는 능력이 얼마나 연약한가를 생각해 보십시오. 오순절의 영은 성령이며 하나님의 거룩한 영입니다. 성령께서 제자들에게 임했을 때, 그들에게는 변화가 나타났습니다. 그들은 육적인 생각을 버리고 영적인 통찰력을 갖게 되었으며, 교만이 겸손으로 바뀌고, 이기적인 마음이 사랑으로, 사람을 두려워하는 마음이 용기와 자신감으로 바뀌었습니다. 예수님의 생명이 하늘로부터 넘치게 임하므로, 죄가 쫓겨났습니다.

주님께서 당신의 백성을 위해 예비하신 삶은 승리의 삶입니다. 그것은 악에 대한 유혹이나 죄를 지으려는 마음이 전혀 없는 승리를 의미하지 않습니다. 하지만 빛이 어두움을 몰아내는것처럼, 내주 하시는 성령의 충만한 능력, 즉 내주하시는 구세주의 임재하심이 죄를 억제하실 것입니다.

그러나 우리가 오늘날 교회 안에서 죄를 물리치는 능력을 본다는 것이 얼마나 어렵습니까! 심지어 신실한 그리스도인들 가운데서도 거짓과 정직의 결여, 교만, 자만심 그리고 이기심과 사랑이 부족한 것을 보게 됩니다. 하나님의 백성들 사이에서도 예수님의 형상의 흔적-순종과 겸손, 사랑, 그리고 하나님의 뜻에 대한 전적인 복종-을 거의 찾아볼 수 없습니다. 사실 우리는 죄의 고백과 충성스럽지 못한 것, 불순종 그리고 타락에 익숙해진 나머지 이러한 것들을 이미 부끄럽게 여기지 않고 있습니다.

우리는 서로 죄를 고백합니다. 그리고 기도한 다음에는 위로와 만족을 느낍니다. 형제들이여, 우리는 이러한 자세를 부끄럽게 생각하고 통회해야 합니다. 하나님의 자녀들이 아직까지 많은 죄를 짓고 따라서 고백할 죄가 많다는 사실은 오순절의 충만한 축복을 거의 누리지 못하거나, 그것을 추구하지 않고 있다는 증거입니다.

우리는 자신이 지은 것이든 아니면 다른 사람이 지은 것이든 간에, 모든 죄를 하나님의 영이 충만하지 못하다는 것을 깨닫는 경고로 사용해야 합니다. 하나님을 경외하지 못하고, 사랑하지 못하고, 거룩하지 못하고, 하나님 뜻에 온전히 순종하지 못할 때, 우리는 모든 실패를 하나님께서 성령을 통해 다시 한번 온 교회를 온전히 다스리시도록 간구하는 기회로 삼아야 합니다.

• • • 세상으로부터의 구별됨 • • •

주 예수 그리스도께서는 보혜사 성령을 약속하실 때, "이 세상은 저를 받지 못하나니"라고 말씀하셨습니다. 눈에 보이는 것에만 관심을 갖는 이 세상의 영은 하나님과 그분의 뜻을 가장 소중하게 여기는 예수님의 영과 대립적인 적대 관계에 있을 수밖에 없습니다. 세상은 예수 그리스도를 배척했습니다. 세상이 아무리 기독교란 말을 사용할지라도, 그것은 여전히 예수 그리스도와 하나가 될 수 없는 대적일 뿐입니다.

이러한 이유로 예수께서는 당신의 제자들에 대해, "내가 세상에 속하지 아니함 같이 저희도 세상에 속하지 아니하였삽나이다."(요 17: 16)라고 말씀하셨습니다. 바울이 "우리가 이 세상의 영을 받지 아니하고 오직 하나님께로 온 영을 받았으니."(고전 2: 12)라고 말한 것도 이것과 동일한 이유 때문입니다. 두 가지의 영, 즉 세상의 영과 하나님의 영은 서로가 생사를 건 대립 관계에 있습니다.

하나님께서 당신의 백성에게 세상으로부터 구별되어 자신의 재물과 마음이 하늘에 있는 순례자처럼 살아야 할 것을 항상 말씀하신 이유가 바로 여기에 있습니다. 하지만 우리는 이것을 그리스도인들 사이에서 정말로 찾아볼 수 있습니까? 누가 감히 그렇게 말할 수 있습니까? 대다수의 기독교인들은 자신들이 행동에서 도덕적으로 어느 정도의 비난받지 않을 것과 천국에 대한 확신을 유지하면서, 불신자들과 마찬가지로 세상을 마음껏 즐겨도 된다고 생각을 합니다. 그들의 말과 행동, 생각과 행동에서는 하늘에 속한 자로서 진정한 모습을 거의 찾아볼 수 없습니다. 이것은 우리가 성령 충만을 사모하고 구하지 않았기 때문이 아닐까요?

빛은 어두움을 몰아냅니다. 하늘의 영은 세상의 영을 쫓아냅니다. 사람이 예수님의 영과 하늘의 영으로 충만해지기 위해 자신을 복종시키지 않는 한 그가 아무리 그리스도인이라 할지라도 세상에 속한 영의 권세 아래 있게 됩니다. 모든 교회가 외치고 있는 다음과 같은 심금을 울리는 소리에 귀를 기울입시다. "누가 우리를 세상의 이러한 권세로부터 구원해줄까?" 이것에 대해 당신은 이렇게 대답해야 합니다. "하나님의 영 외에는 어떤 것도, 그 누구도 구원할 수 없습니다. 나는 성령으로 충만해야만 합니다."

• • • **우리는 신실합니까?** • • •

사역자들은 많은 사람들이 한 때는 열정으로 충만하다가도 어느 순간 그 열정이 식어버린다고 불평합니다. 예수 그리스도를 믿는다고 고백하는 사람일지라도 다른 영향권 아래로 들어가거나 부유하게 될 때는 쉽게 포기합니다. 그러면 이렇게 불행한 결과가 일어나는 이유가 무엇일까요? 이러한 현상은 성령의 나타나심과 능력으로 설교하지 않고, 지혜의 말로 설득하려고 하기 때문입니다. 따라서 그들의 믿음 역시 하나님의 능력보다 사람의 지혜와 노력에 기초해 쌓여진 것이었습니다.

그러한 사람들은 열정적이고 교훈적인 설교에서 깨달음을 얻으면 신앙을 유지하지만, 깨달음을 얻지 못하면 후회합니다. 요즈음의 설교가 성령의 나타나심을 보여주지 못하기 때문에, 영혼들이 살아계신 하나님을 만나는 경험을 하기가 매우 어렵습니다. 동일한 이유로 오늘날 대부분의 믿음으로는 하나님의 능력을 경험하지 못합니다.

하나님의 말씀이나 설교 그리고 은혜의 방편들이 전달되지 않을 때는 믿음에 도움이 되기보다 오히려 장애가 됩니다. 모든 외적인 은혜의 방편들은 필연적으로 변하거나 사라지기 마련입니다. 오직 성령만이 하나님의 능력에 기초한 믿음을 가지며, 강건하고 흔들리지 않는 신자가 되게 하십니다.

◦ ◦ ◦ 믿음으로 서 있기 ◦ ◦ ◦

지속적으로 신앙을 유지하지 못하는 사람들이 그렇게도 많은 이유가 무엇일까요? 그것은 성령의 나타나심이 거의 없기 때문입니다. 오순절이 주는 충만한 축복은 잃어버렸기 때문에, 오늘날의 안타까운 현실이 나타나게 되었다는것을 사례들을 들어 보여주어야 합니다. 오순절의 충만한 축복이 바로 우리가 갈망하고, 하나님으로부터 반드시 받아야 할 것입니다. 우리 안에 있는 모든 것으로 갈망하며 다음과 같이 소리치게 합시다. "하나님의 영이시여, 사방으로부터 임하사, 죽은 영혼들이 살아나도록 하소서." 그리고 믿지 않는 자들에 대한 우리의 사역이 얼마나 무력한지를 생각해 보십시오.

기독교 국가들에 일꾼이 얼마나 많습니까! 하나님의 말씀이 얼마나 다양하고 지속적으로 선포되고 있습니까! 주일학교 교사의 수가 수십 만 명이 넘습니다. 수많은 신앙의 부모들이 자녀들에게 하나님의 말씀을 가르치고, 그들을 구원자이신 주님께로 인도합니다. 하지만 이러한 모든 노력을 통해 나타나는 결과는 얼마나 적습니까!

많은 사람들이 듣고 관심을 보이지만, 구원에 대해 결정적인 결단은 하지 않습니다. 많은 사람들이 어린 시절부터 노년기에 이르기까지 하나님의 말씀을 많이 접하지만, 마음 속 깊이 그 말씀에 사로잡혀본 적은 별로 없습니다. 그들은 예배에 참석하는 것이 기쁘고, 유익하며 교훈적이라는 것을 알지만, 하나님의 말씀에 대해 망치나 검, 또는 불과 같은 경험을 결코 하지 못합니다. 그들이 이러한 것을 그렇게도 느끼지 못하는 것은 그들이 듣는 설교에 성령과 능력이 나타나지 않기 때문입니다. 이것은 우리 가운데 오순절의 충만한 능력이 크게 결핍되었다는 것을 보여주는 명백한 증거가 됩니다.

이것은 설교자의 책임일까요, 아니면 회중의 책임일까요? 나는 이것이 설교자와 회중 모두의 책임이라고 생각합니다. 설교자는 기독교 공동체의 자녀와 같은 존재입니다. 자녀를 보면 그 부모가 영적으로 건강한지 아닌지를 알 수 있는 것처럼, 설교자를 보면 그 회중들의 영적인 상태를 알 수 있습니다. 설교자의 설교는 회중들의 삶의 모습에 영향을 받기 때문입니다.

회중들이 단지 평범하고 교훈적인 젊은 설교자의 설교에 만족할 때, 그는 계속해서 그런 식으로 설교할 것입니다. 성령의 나타내심을 간절히 사모하는 성숙한 신자들이 설교자에게 영향을 미칠 수 있습니다. 목회자가 회중을 오직 주님께만 모든 것을 기대하도록 인도하지 못한다면, 그는 사람의 지혜와 노력을 신뢰하도록 유혹받고 있는 것입니다.

교회 안에서의 모든 세상적인 것과 회개가 일어나지 않는 주된 원인은 바로 오순절의 충만한 축복이 결여되었기 때문입니다. 오순절의 충만한 축복만이 사람의 강퍅한 마음을 깨뜨리고 하늘로부터 오는 능력을 줄 수 있습니다.

••• 용기의 근원 •••

하나님 나라의 확장을 위해 자신을 희생시킬 준비가 되어 있는 자가 얼마나 부족하다는 사실을 생각하시기 바랍니다. 주 예수 그리스도께서는 승천하실 때, 우리에게 당신의 역사를 행할 능력으로 성령을 주겠다고 약속하셨습니다. "오직 성령이 너희에게 임하시면 너희가 권능을 받고 예루살렘과 온 유대와 사마리아와 땅끝까지 이르러 내 증인이 되리라"(행 1:8).

하늘에 계신 왕으로부터 임하는 오순절 축복의 목적은 이 땅에서 왕으로 그분의 일을 행하도록, 당신의 종들을 완전히 준비시키려 한 것이 분명합니다. 그들은 성령이 임하자마자 그분을 증거하기 시작했습니다. 성령께서는 그들이 예수께서 구원자가 되신다는 사실을 전파하기 때문에 겪는 모든 적개심과 위험에 담대히 맞설뿐 아니라 고난과 핍박을 참아낼 수 있는 열정과 자신감과 용기와 능력으로 충만하게 하셨습니다. 오순절 성령은 전 세계를 그리스도께 인도하기 원하는 진정한 전도의 영인 것입니다.

우리는 종종 오늘날 전도의 열정이 강렬해지고 있다는 말을 자주 듣습니다. 그러나 우리가 자신의 이익을 위해 쓰는 시간과 비교했을 때, 최소한의 시간만 전도를 위해 사용하고 있는 것을 봅니다. 따라서 우리는 다음과 같은 질문과 고백, 결단이 가슴 속에서 타올라야 합니다. "예수님을 위해 내가 더 희생할 수 있는 것은 무엇인가? 그 분은 나를 위해 자신을 희생하셨는데… 나도 그 분과 그 분의 사역을 위해 나를 온전히 헌신해야지."

주님께서는 우리가 바치는 것을 우리가 드리는 것으로 측정하지 않고, 우리가 가지고 있는 것으로 평가하신다고 합니다. 주님은 헌금 궤 옆에 서서 거기에 얼마를 바치는가도 보시지만, 동시에 가난한 과부처럼 자기 삶의 모든 것을 바치는 많은 사람을 찾고 계십니다.

오늘날 많은 사람들이 자기에게 전혀 손해가 되지 않거나, 희생을 거의 혹은 전혀 요구하지 않는 것만을 드리고 있습니다. 오순절의 충만한 축복이 그들에게 임하기 시작할 때, 이러한 상황은 크게 달라질 것입니다. 사람들의 마음은 주님께 대한 사랑으로 불탈 것이며, 완전한 기쁨 가운데 예수께서 구원자가 되신다는 것을 알리고, 그 분의 사랑을 전하기 위해 자기의 모든 것을 바치지 않을 수 없을 것입니다.

주 안에서의 형제들이여, 오늘날 지상의 교회와 당신 주변의 기독교 공동체 그리고 당신의 마음 상태에 대해 깊이 살펴보시기 바랍니다. 그리고는, "오순절의 충만한 축복을 거의 누리지 못하는" 커다란 이유가 무엇인지를 생각하십시오. 오늘날 얼마나 많이 성화 되지 못하며, 세상과 구별되지 않고, 신앙고백을 하지만 신실하지 못하며, 불신자들의 회심이 일어나지 않으며, 하나님 나라를 위한 자기희생이 결여되어 있다는 사실을 깊히 생각해 보시기 바랍니다. 이처럼 비통한 현실을 통해 오늘날 교회가 오순절 축복의 결여 때문에 이처럼 엄청난 악에 시달리고 있다는 사실을 당신의 영혼에 깊이 새기기 바랍니다. 하나님의 영으로 충만하게 이한 가지의 방법이 아니고는 교회의 상처 난 곳을 치유하고, 타락으로부터 회복시키며, 능력을 새롭게 할 수 있는 길이 없습니다.

우리에게 꼭 필요한 이것이 우리 마음을 완전히 사로잡을 때까지는 이 문제에 대해 말하고, 생각하며, 슬퍼하고, 기도하는 것을 결코 중단해서는 안 됩니다. 이러한 회복은 사실 쉽지가 않습니다. 이것은 단번에 이루어지지 않을 수도 있습니다. 그것은 속히 이루어지지 않을 수도 있습니다. 예수님의 제자들도 이러한 축복을 받기 위해 3년이란 긴 세월을 예수님과 함께 하는 것이 필요했습니다.

우리가 갈망하는 변화가 즉시 나타나지 않는다고 해서 지나치게 실망해서는 안 됩니다. 하지만 그것의 필요성을 깊이 깨닫고, 마음 가운데 간직해야 합니다. 그리고 계속해서 기도하며, 믿음 안에서 굳게 서있어야 합니다.

오순절의 축복은 교회가 누려야 할 당연한 권리요, 약속된 유업이며, 이 땅에서 우리에게 주어진 것입니다. 우리의 믿음은 결코 부끄럽지 않을 것입니다. 우리가 마음을 다해 예수님을 의지하는 것은 헛되지 않을 것입니다. 우리가 인내하며 그 분을 믿을 때, 반드시 우리의 배에서 생수의 강이 흘러넘칠 때가 임할 것입니다.

영적 탁월함을 추구하며

주님께서 자기 백성들을 위해
예비해 두신 삶은 바로 승리의 삶입니다.

CHAPTER

5

어떻게 이 축복이 방해 받고 있습니까?

> "이에 예수께서 제자들에게 이르시되 누구든지 나를 따라오려거든 자기를 부인하고
> 자기 십자가를 지고 나를 따를 것이니라 누구든지 제 목숨을 구원하고자 하면 잃을 것이요
> 누구든지 나를 위하여 제 목숨을 잃으면 찾으리라."
>
> **마태복음 16:24, 25**

많은 사람들이 간절히 오순절의 충만한 축복을 간구하지만, 아직 받지 못하고 있습니다. 그 이유가 무엇입니까? 여러 가지 답이 있을 수 있습니다. 때로는 이 문제에 대한 답이 아직도 계속되고 있는 어떠한 죄 때문일 수 있습니다. 세상적인 것, 사랑의 결핍, 겸손치 못함, 믿음 안에서 행하는 것에 대한 무지함 등등 여러 가지 다른 이유들이 언급될 수 있습니다.

많은 사람들이 자기가 주님 앞에 나아와 이러한 과오들을 진

실하게 고백했으며, 그것들을 떨쳐 버렸다고 생각합니다. 그럼에도 불구하고 그들은 축복이 임하지 않는다고 불평합니다. 이때에 우리는 아직도 한 가지의 커다란 장애, 다시 말해 다른 모든 장애의 원인이 되는 뿌리가 나에게 있다는 사실을 발견해야 합니다. 이 뿌리는 우리의 자아, 즉 자기추구, 자기 기쁘게 하기, 자기 신념, 자기 만족과 같이 다양한 형태로 내 안에 숨어 있는 생명입니다.

우리가 열심히 이 축복을 추구하면서 무엇이 이 축복 받는 것을 방해하는지 알고자 할수록, 바로 내 자아가 그 근원인 것을 발견하게 될 것입니다. 우리는 이 자아로부터 해방되어야 하며, 따라서 자신이 얽매여 있는 이기적인 삶을 완전히 포기해야 합니다. 그런 후에야 하나님의 생명이 자신을 충만하게 채울 수 있게 됩니다.

••• 십자가를 온전히 이해하기 •••

예수 그리스도께서 베드로에게 하신 말씀을 통해 우리는 큰 교훈을 얻을 수 있습니다. 베드로는 주님께 영광스러운 고백을 했고, 그 때문에 주님은 이렇게 칭찬하셨습니다. "바요나 시몬아 네가 복이 있도다. 이를 네게 알게 한 이는 혈육이 아니요 하늘에 계신 네 아버지시니라"(마 16:17). 그러나 곧 이어 주님께서 십자가 못 박혀 죽으실 것을 말씀하셨을 때, 베드로의 자아는 사단의 유혹을 받아 이렇게 말했습니다. "주여 그리 마옵소서. 이 일이 결코 주에게 미치지 아니 하리이다"(마 16:22).

주님께서는 베드로에게 당신만이 목숨을 버리는 것이 아니라, 모든 제자들도 똑같은 희생을 해야 한다는 것을 말씀하셨습니다. 따라서 모든 제자들은 자신의 자아를 십자가에 못 박아 죽게 하기 위해, 자신을 부인하고 자기 십자가를 짊어져야 합니다. 그러나 자기의 목숨을 구하려 하는 자는 그것을 잃을 것이며, 그리스도를 위해 자신의 목숨을 버리는 자는 그것을 찾을 것입니다.

여러분은 이제 주님께서 무엇을 가르치셨고, 무엇을 요구하셨는지를 알기 시작했습니다. 베드로는 하나님이 알게 해주셔서 예수님이 살아계신 하나님의 아들이신 것을 알았습니다. 그러나 예수님이 십자가에 못 박히실 분이라는 것은 몰랐습니다. 베드로는 예수님이 십자가에서 반드시 죽으셔야 한다는 것을 그때까지 알지 못했던 것입니다. 베드로의 이러한 모습을 오늘날의 그리스도인에게서도 종종 보게 됩니다. 우리는 예수님이 구원자가 되신다는 사실을 알며, 예수님에 대해 더 많은 것들을 알고 싶어 합니다.

그렇지만 예수님의 십자가의 죽음을 우리 자신의 죽음으로 받아들여야 한다는 사실은 여전히 모르고 있습니다. 우리가 하나님의 온전한 생명을 받기 위해서는 진정으로 자신의 생명 —이 땅에서의 우리의 모든 생명과 존재— 을 부인하고 포기해야 합니다.

이러한 요구는 매우 힘들고 어려운 것입니다. 그러면 이것이 힘들고 어려운 이유가 무엇일까요? 왜 그리스도인은 언제나 자기를 부인하고, 자신의 감정을 부인하고, 자의적 의지와 즐거움을 부인해야 할까요? 왜 그리스도인은 자기의 생명을 내어 놓아야 할까요? 대답은 매우 간단합니다. 그것은 그의 생명이 전적으로 죄와 죽음의 능력 아래 있기 때문입니다. 그렇기에 완전히 부인되고 버려지지 않으면 안 됩니다.

항상 내 중심으로 생각하게 만드는 자아는 하나님의 생명이 들어올 자리를 만들기 위해 완전히 제거되어야 합니다. 하나님의 충만하고 넘치는 생명을 원하는 사람은 자신의 생명을 완전히 부인하고 포기해야 합니다.

오순절의 충만한 축복을 받는데 왜 이토록 우리의 자아가 큰 걸림돌이 되는 줄 아십니까? 그것은 서로 다른 성질의 두 가지가 동시에 같은 장소를 차지할 수 없기 때문입니다. 당신의 생명과 하나님의 생명이 동시에 당신의 마음을 가득 채울 수는 없습니다. 당신의 생명을 내어놓을 때에만 당신은 하나님의 생명으로 충만케 될 수 있습니다. 내가 계속 나의 중심을 차지하고 있다면 예수님은 나의 모든 것이 되실 수가 없습니다. 내 생명이 쫓겨날 때만 (expelled) 예수님의 영이 들어올 수 있습니다.

오순절의 충만한 축복을 구하는 자들은 이러한 원리를 받아들이고, 그것을 끝까지 붙잡아야 합니다. 이것은 너무도 중요한 주제입니다. 따라서 저는 이 원리가 예수님이 우리에게 가르치셨던 주된 내용이라는 것을 말씀을 통해 밝히고자 합니다.

••• 자아와 죄의 능력 •••

하나님은 천사와 인간을 창조하시면서 그들에게 아주 독특한 인격을 주셨습니다. 그것은 바로 자아를 다스리는 능력이었습니다. 이것은 그들이 자유 의지에 따라 자기의 생명을 하나님께 드려서, 하나님께서 그들을 당신의 생명과 영광으로 충만하게 하시기 위해서였습니다. 그것이야말로 피조물에게 있어서 최고의 축복이었습니다. 따라서 그들은 하나님의 생명과 완전하심으로 충만한 그릇이 될 수 있었던 것입니다.

그럼에도 불구하고 천사와 인간은 모두 하나님을 떠나 자신을 기쁘게 하기 위해, 그들의 생명과 의지와 인격을 잘못 사용해서 타락하게 된 것입니다. 이처럼 스스로 자신을 높인 교만 때문에 그들은 천상에서 지옥으로 쫓겨났습니다. 이 교만은 뱀이 하와의 귀와 마음에 불어넣은 사악한 독이었습니다.

인간은 하나님을 떠나 자기 자신과 세상에서 즐거움을 찾으려 했습니다. 결국 인간은 자신만을 추구하고 높이려 할 만큼 그의 삶과 모든 인격이 하나님의 계획과 다스림을 벗어나게 된 것입니다.

당신의 삶이 하나님의 영으로 충만하게 되기 위해서는 타락한 생명을 철저히 버려야 합니다. 당신은 지극히 작고 사소한 것들뿐만 아니라, 모든 것에서 항상 그러한 이기적인 삶을 부인해야 합니다! "아무든지 나를 따라오려거든 자기를 부인하고 자기 십자가를 지고 나를 좇을 것이니라"(마 16:24).

인간의 본성이 전적으로 타락했다는 사실에 대해 깊이 생각해 본 경험이 없는 사람이 아직도 매우 많습니다. 그들에게는 기독교적인 자유란 자신의 감정을 따르는 것이 결코 아니라는 말이 이상하고도 귀에 거슬리게 들릴 것입니다. 자신에 대한 부인은 삶의 모든 부분에서 예외 없이 적용되어야 하는 요구 조건입니다. 주님은 다음과 같은 당신의 말씀을 한 번도 바꾸신적이 없습니다.

"너희 중에 누구든지 자기의 모든 소유를 버리지 아니하면 능히 내 제자가 되지 못하리라"(눅 14:33).

••• 당신의 마음은 열려 있습니까? •••

이제 막 회심한 아직 믿음이 약한 그리스도인은 자신에 대한 이러한 요구 조건을 이해하지 못합니다. 옛 사람이 아직도 강한 상태에서(natural life)에서 새생명의 씨앗을 그의 마음에 받았습니다. 이것은 주님이 베드로를 꾸짖을 때의 상태와 같습니다. 베드로가 주님의 제자이기는 했지만, 아직 미완성된 상태로 있었습니다. 주님이 십자가의 죽음을 앞두고 있을 때, 베드로는 자기를 부인하는 대신 주님을 부인했습니다. 하지만 이러한 베드로의 비참한 실패가 자신에게 절망하게 만들었고, 이것을 계기로 자신의 생명을 온전히 버릴 수 있었던 것입니다. 그래서 베드로는 예수님의 생명으로 충만할 수 있도록 준비 될 수 있었습니다.

우리 모두가 이러한 상태에 이르러야 합니다. 그리스도인이 자신의 먹는 것과 마시는 것, 시간과 돈을 사용하는 것, 자기 생각을 관리하는 것, 다른 사람들에 대해 말하는 것 등에서 자기 마음대로 할 수 있는 권리와 자유가 있다고 생각하고 있는 동안, 절대로 오순절의 충만한 축복을 받을 수 없을 것입니다. 자신의 삶을 자기 뜻대로 살아가고, 자기를 기쁘게 할 권리도 있으며, 마음대로 원하는 삶을 영위할 자유가 있다고 생각하는 한, 그는 이 축복을 받을 수 없을 것입니다.

형제들이여, 사람이 하나님의 영으로 충만하게 되는 것은 말할 수 없이 거룩하고 영광스러운 일입니다. 그렇기 때문에 하나님의 영으로 충만해지려면, 현재 우리 마음의 주권자이며 거주자인 자아를 반드시 퇴출시켜야 합니다. 그 다음에 새로운 주관자이신 성령의 손에 모든 것을 맡겨야 합니다.

우리는 이 우선적이면서도 중요한 조건, 즉 오직 주님만이 우리의 생명과 인도자가 되신다는 사실을 받아들이는 순간, 성령으로 충만하게 되는 능력과 기쁨이 우리에게 즉시 임한다는 사실을 깨달아야 합니다. 이 일은 우리에게 꼭 필요한 일입니다.

••• 누가 이렇게 변화시키십니까? •••

우리의 영적 성장의 단계에 있어서 자아 생명의 능력과 그 속

임수가 가장 강하게 나타나는 때는 자신의 노력으로 오순절의 충만한 축복을 누리고자 시도할 때입니다. 많은 사람들은 아주 다양한 방법을 통해 이러한 축복을 쟁취하려고 노력합니다. 그러나 그들은 성공하지 못하며, 왜 충만하지 못하는지 그 이유도 깨닫지 못합니다. 그들은 자신이 마음먹는다고 의지까지 통제할 수 없으며, 자신의 욕구를 억제할 수 없다는 것을 잊어버렸습니다. 이러한 면에서 자신에 대한 무능력과 무력감을 깨닫는 자는 진정 행복한 사람이라 할 수 있습니다. 바로 그때 그는 자기를 부인하고, 자신의 삶과 능력으로부터 어떠한 것을 기대하는 것을 중단해야 합니다. 그 뿐만 아니라 그는 하나님께서 주시는 복을 받기 위해, 그분 앞에 자신이 무력하고 죽은 사람인 것을 고백하며 나아가야 합니다.

오순절을 위해 자신을 준비하거나, 하늘로부터 오순절의 축복이 임하게 한 것은 베드로가 아니었습니다. 베드로를 위해 그 모든 것을 행하신 분은 주님이셨습니다. 베드로의 역할은 자신에 대해 실망하고, 주님께서 자기에게 약속하신 것을 이루시도록 그 분께 자신을 드리는 것이었습니다.

자신의 삶을 포기하기 위해 자기를 부인하고, 하나님 앞에 자신의 무가치함과 무력감을 내려놓는 것이야말로, 당신이 해야 할 몫입니다. 하나님 앞에 깊은 겸손과 말 없는 인내와 어린아이와 같은 순종으로 당신의 마음을 드리는 일에 힘쓰기 바랍니다. 자신을 한없이 낮추는 겸손과 하나님과 그분의 때를 기다리는 인내, 그리고 하나님께서 선한 것을 행하시도록 자신을 드리는 순종만이 당신이 자신의 생명을 바칠 준비가 되어 있다는 것을 보여줄 수 있는 유일한 방법입니다.

당신은 주님을 따르도록 부르심을 받았습니다. 주님이 어떻게 먼저 자신의 의지를 내려놓으셨는지를 기억하시기 바랍니다. 주님은 자신의 생명을 아버지의 손에 의탁하고, 무덤에 묻히시고 하나님께서 당신을 다시 살리실 때까지 기다리셨습니다. 마찬가지로, 당신도 하나님께서 성령의 충만한 능력으로 다시 살려주실 것을 확신하며 무력하게 연약하지만, 자신의 생명을 내려 놓아야 합니다. 하나님의 능력에 당신의 개인적인 노력을 더하거나, 스스로 어떤 것을 하려는 시도를 하지 마십시오. "만군의 여호와께서 말씀하시되 이는 힘으로 되지 아니하며 능으로 되지 아니하고 오직 나의 신으로 되느니라"(슥 4:6).

• • • 날마다 자신을 부인하십시오 • • •

당신은 당연히 지금 이렇게 질문할 것입니다. "과연 이것을 감당할 수 있는 사람이 누가 있을까? 누가 예수님처럼 자기의 모든 것을 희생하고, 죽고 자기의 생명을 내놓을 수 있단 말인가? 이처럼 온전한 항복이 정말 가능할까?" 그것은 불가능합니다. 그러나 "하나님께는 능치 못한 것이 없습니다." 당신은 문자 그대로 예수님을 본받아 죽고, 또 무덤에 들어갈 수 없습니다. 그것을 당신의 능력으로는 결코 할 수 없습니다. 우리의 개인적인 자아는 결코 스스로 자신을 죽음에 복종시키거나, 무덤에서 조용히 안식을 취하지 않으려 합니다.

그러나 복된 소식에 귀를 기울이기 바랍니다. 당신은 예수님 안에서 죽어 장사된 자입니다. 예수님을 죽게하시고, 아버지의 손에 자신의 영을 내어 맡기게 하시며, 무덤속에서도 안식을 누리게 하시는 능력이 당신안에서도 역사하고 있습니다. 성령께서 일하시는 것과 주 예수의 죽음과 생명에 나타나는 능력을 믿으면, 자신을 기꺼이 포기할수 있습니다.

이러한 목적을 위해, 자기를 부인하는 것을 일상생활 속에서 반드시 필요한 가장 중요하고도 우선적인 일로 삼으십시오. 다음의 메시지를 마음 가운데 깊이 받아들이기 바랍니다. 오순절 생명을 누리는데 있어 가장 큰 걸림돌은 자신을 사랑하는 이기적인 삶입니다. 그러한 삶의 죄악성을 깊이 인식하십시오. 자기를 사랑하는 것이 죄가 되는 것은, 그것이 갖고 있는 커다란 외적인 죄 때문이 아니라, 그것이 하나님의 자리를 대신하기 때문입니다. 자기를 사랑하는 삶은 하나님보다 자아를 추구하고, 자신을 기쁘게 하며, 자기를 높이려 합니다.

당신의 생명은 자신에게 가장 큰 적이요, 하나님께 원수가 된다는 사실을 인식하기 바랍니다. 그리고 예수님이 당신을 위해 예비하시고 오순절 날 주신 충만한 축복은 바로 하나님께서 우리 안에 거하신다는 사실을 깨닫기 바랍니다. 세상에는 이처럼 값진 진주와 비교할 수 있을 만큼 소중하거나 귀한 것이 아무 것도 없습니다.

믿음의 형제 자매들이여, 당신은 하나님의 영으로 충만하게 되기를 진정으로 원합니까? 당신은 자신이 그렇게 되는 데 방해가 되는 것이 무엇인지 알기를 매우 원합니까? 우리 주님께서 하신 말씀을 마음 가운데 깊이 간직하십시오. 그 말씀을 가지고 예수님 앞으로 나아가십시오. 예수님은 당신이 그것을 이해하고 경험할 수 있도록 도우실 것입니다. 예수님은 성령으로 세례를 주시는 분입니다.

육신에 속한 모든 것을 예수님 앞에 내어 놓으십시오. 죽으셔서 성령을 보내시고, 베드로를 고난에 동참하게 하시므로 오순절 축복을 준비시키신 예수님은 당신을 친히 인도하실 것입니다. 예수님을 의지하십시오. 예수님은 반드시 성령으로 세례를 주실 것입니다.

자신을 부인하고 예수님을 따르십시오. 당신의 생명을 버리고 예수님의 생명을 구하십시오. 지금까지 당신이 자신을 위해 차지했던 그 자리에 예수님이 들어오게 하십시오. 그러면 예수님께로부터 생수의 강이 흘러넘칠 것입니다.

영적 탁월함을 추구하며

그리스도인은 자신의 생명을 진실하게 부인할 때만,
바로 이 세상에 있는 자신의 전 존재를 부인할 때만 하나님의
충만한 생명을 받아들일 수 있습니다.

CHAPTER

6

어떻게 그것을 받을 수 있습니까?

"술 취하지 말라 이는 방탕한 것이니 오직 성령으로 충만함을 받으라."
에베소서 5:18

성령의 충만함을 받으라는 명령은 술 취하지 말라는 금지 명령과 마찬가지로 매우 분명하게 주어지고 있습니다. 우리는 악을 행하지 말라는 명령을 범할 때 죄의식을 느끼는 것과 마찬가지로, 긍정적인 명령에도 불순종해서는 안 됩니다. 우리에게 술 취하지 말고 온전한 정신으로 살 것을 권면하시는 하나님께서는 그와 같이 진지하게 성령으로 충만할 것을 동일하게 촉구하십니다. 그 분의 명령은 약속과도 같습니다. 그것은 하나님께서 우리가 원하시는 것을 친히 주실 것이라는 확실한 보증이 됩니다.

이 사실을 확실히 믿고 성령 충만을 받은 사람들처럼 우리도 하나님의 뜻대로 살 수 있는 방법을 구합시다. 여기서 이러한 축복을 간절히 사모하는 사람들을 위해 몇 가지 중요한 점들을 다루도록 하겠습니다. 그렇게 해서 하나님이 그들을 위해 예비해두신 것을 그들이 받기를 소망합니다.

••• 첫 번째 단계 •••

하나님의 자녀들 중에는 성령으로 충만하게 되는 것이 자기들에게 약속된 기업이라는 것을 알지 못하는 자들이 많습니다. 그들은 오순절 날이 단지 교회의 탄생을 축하하는 기념 축제로, 오랫동안 지속되지 않을 축복과 능력의 순간이었다고 생각을 합니다. 그들은 성령으로 충만하게 되라는 명령에 대해 깊이 생각하지 않습니다. 따라서 그들은 오순절의 충만한 복을 결코 추구하지 않습니다. 그리고 오늘날의 교회에서 흔히 볼 수 있는 약하고 흠이 많은 신앙생활에 만족합니다.

바로 이것이 이 책을 읽고 있는 당신의 상태가 아닙니까? 교회가 세상에서 자기의 사명을 감당하기 위해서는 오순절의 충만한 축복이 필요합니다. 주님을 기쁘시게 하고, 거룩함과 기쁨과 능력이 있는 삶을 살기 위해서는 당신에게도 이러한 축복이 필요합니다. 예수님은 당신이 당신 안에 거하시는 그분의 임재와 내주하심, 그리고 영광을 나타내기 위해서는 성령으로 충만해야 할 것을 말씀하셨습니다. 오순절의 충만한 축복이 거룩한 실재인 것을 굳게 믿으십시오.

하나님의 자녀는 반드시 그 축복을 받아야 합니다. 이것이 얼마나 영광스러운 일이며, 놀라운 능력인지 깊이 생각해 보세요. 이 오순절의 충만한 축복이 실제로 우리에게 가능하다는 것을 굳게 믿는 확신은 그 축복을 얻는 첫 걸음이 되며, 그것을 추구하는 데 강력한 원동력이 됩니다.

◦ ◦ ◦ 두 번째 단계 ◦ ◦ ◦

당신이 이러한 축복을 누리지 못하고 있다는 사실을 시인하는 일은 오순절의 축복을 받는 두 번째 단계가 됩니다. 혹시 당신은 이러한 확신이 필요한 것에 대해 이유를 물을지도 모릅니다. 따라서 나는 그것이 중요하다고 생각하는 이유에 대해 간단히 설명하고자 합니다.

먼저, 많은 그리스도인들은 자기가 이미 성령을 받았으며, 따라서 자기들에게 필요한 것은 성령에 대해 더 잘 알고, 순종하기 위해 더 충실히 노력하는 것이라고 생각합니다. 그들은 자기가 이미 하나님의 은혜 가운데 서 있으며, 따라서 그러한 삶을 보다 잘 살아가는 것이 필요할 뿐이라고 생각합니다. 그들은 자기들이 지속적인 성장을 위해서 필요한 모든 것을 갖고 있다고 생각합니다.

그러나 사실은 이와 정반대입니다. 이러한 사람들은 건강하지 못한 영적 상태에 있는 자들로 치유가 필요하다는 것이 나의 확고한 소신입니다. 따라서 환자가 치료를 받는 첫 걸음이 자기가 아프다는 사실을 인식하는 것과 마찬가지로, 그들에게 있어서도 자기가 범사에 하나님을 기쁘시게 하기 위해, 반드시 성령 충만한 가운데 거하지 못하고 있다는 사실을 인정하는 것이 절대적으로 필요합니다.

먼저 이러한 확신이 분명해지면, 그들은 또 다른 것을 고려하게 됩니다. 즉 그들은 자기의 죄악된 상태를 의식하게 됩니다. 그들은 자기들이 "성령의 충만을 받으라."는 명령에 순종하지 않은 이유가 자신의 나태와 자기 만족 그리고 불신앙 때문이었다는 것을 깨닫게 됩니다. 그들의 마음 가운데 자기가 이러한 충만한 복을 받지 못했다는 것을 자각할 때 성령충만을 받고 싶은 강력한 충동이 나타납니다.

• • • 이 축복이 당신을 위한 것입니까? • • •

저는 오순절의 충만한 축복이 단지 초대교회 기독교 공동체만을 위한 것이었다고 주장하는 사람들에게 말씀을 전한 적이 있습니다. 또한 어떠한 사람들은 이 축복이 그 이후 세대 교회를 위한 것이라는 점에는 동의하지만, 성령 충만은 모든 사람이 다 받을 수 있는 것이 아니라고 생각합니다. 그들은 다음과 같은 합리적인 말을 합니다. "나의 좋지 못한 상황과 불행한 처지, 무능력 등등의 어려운 문제 때문에 축복을 받을 수 없습니다. 아마도 하나님은 내가 성령 충만 받는 것을 기대하지 않으실 것입니다. 하나님은 나를 성령 충만 받을 운명으로 만들지 않으셨습니다."

당신은 이처럼 얄팍한 논리에 속아 넘어가서는 안 됩니다. 몸 전체가 고루 건강하려면, 몸의 가장 작은 부분에 이르기까지 모든 지체가 건강해야 합니다. 성령이 충만하게 내주 하신다는 것은 그리스도의 몸 전체가 건강하다는 것을 의미합니다. 당신이 그리스도의 몸 가운데 아무리 하찮은 지체일지라도, 당신은 성령으로 충만해야 합니다. 이러한 점에 있어 아버지께서는 예외를 두시지 않습니다. 각자의 은사와 부르심, 환경에는 엄청난 차이가 있습니다. 그러나 아버지의 사랑과 그 분께서 당신의 모든 자녀가 성령을 모셔들여서 온전히 건강하고, 성령충만을 누리기 원하시는 것에는 차이가 없습니다.

다음과 같은 확신을 반복해서 말하는 것을 연습하십시오. "이 축복은 나를 위한 것이야. 아버지께서는 내가 성령으로 충만하게 되기를 원하시지. 내 앞에는 지금 이 축복이 예비 되어 있고, 내가 동의하기만 하면 받을 수 있지. 나는 태어날 때부터 내게 부여된 이 권리를 이제는 불신앙으로 거부하지 않을 거야. 이 축복은 내 것이라는 것을 온 마음으로 받아들여야지."

••• 축복 받기 •••

그리스도인은 이러한 축복 받기를 갈망하면서부터, 그것을 받는 조건이 되는 믿음과 순종, 겸손 그리고 복종을 위한 다양한 노력을 기울이게 됩니다. 그러나 이러한 노력이 성공을 거두지 못할 때, 그는 자신을 원망하는 시험에 빠집니다. 그렇지만 반면에 낙심에 빠지려는 유혹을 이기면, 분발해서 더욱 강한 노력과 보다 뜨거운 열정을 기울이게 됩니다.

그러나 이러한 모든 노력이 무가치한 것은 아닙니다. 그것은 율법이 하는 것과 똑같은 역할을 합니다. 다시 말해, 그것을 통해 우리는 자기가 얼마나 무력한 존재라는 것을 깨닫게 됩니다. 우리는 자신에 대해 실망한 나머지 하나님을 그 분의 마땅한 자리에 모시게 됩니다. 이러한 교훈은 우리에게 절대 필요합니다. "나는 이 축복을 내게 줄 수도, 스스로 취할 수도 없습니다. 그것은 하나님께서 내 안에 역사하실 때만 가능합니다."

오순절 축복은 초자연적인 은사로, 하나님께서 우리의 영혼 가운데 놀랍게 역사하시며 일하시는 것입니다. 하나님의 생명이 처음 예수 그리스도 안에서 나타난 때와 마찬가지로 모든 영혼안의 하나님의 생명도 하나님의 진정한 역사입니다. 동정녀 마리아가 초자연적으로 아이를 잉태할 때와 마찬가지로 믿는 자가 자신의 영혼에 성령으로 충만한 삶의 결실을 맺기 위해서 할 수 있는 것이란 아무것도 없습니다(눅 1: 38). 그가 할 수 있는 것은 마리아처럼 그것을 하나님께서 주시는 선물로 받아들이는 것뿐입니다.

예수 그리스도의 부활이 전적인 하나님의 사역이었던 것처럼, 이 천상의 축복에 참예하는 것도 전적인 하나님의 역사입니다. 예수 그리스도 역시 하나님으로부터 새 생명을 받기 위해서는 그 분께서 가지셨던 이전의 생명을 버려야 했습니다. 신자가 하나님의 전능하신 능력으로부터 내려오는 오순절의 충만한 축복을 받기 위해서는 자신의 능력에 대한 모든 소망을 포기해야 합니다. 우리가 이러한 최고의 축복을 누리기 위해서는 자신에게 절망하고, 자신의 무능력을 분명히 깨달아야 합니다.

••• 매우 값 비싼 진주 •••

오순절의 충만한 축복은 값 싸게 얻어지는 것이 아닙니다. 이것을 얻기 위해서는 자기의 모든 것을 팔고, 모든 것을 포기해야 합니다. 우리는 자신의 모든 내적인 능력과 삶의 모든 순간 그리고 우리의 몸과 혼과 영의 모든 종교적인 활동도 하나님의 영의 능력 앞에 내놓아야 합니다. 이러한 축복을 받는데 자신의 독자적인 통제나 능력은 어떠한 역할도 할 수 없습니다. 모든 것은 성령의 인도 아래 있어야 합니다. 따라서 우리는, "어떠한 값을 치르더라도 나는 반드시 이 축복을 받기로 결단했습니다." 라고 말할 수 있어야 합니다. 아무것도 들어있지 않은 그릇만이 이러한 생명의 물을 가득 채우고, 그것으로 넘치게 할 수 있습니다.

우리는 종종 우리의 뜻과 행위 사이에는 엄청난 차이가 있다는 것을 깨닫습니다. 심지어 하나님께서 우리에게 의지를 주실 때에도, 행위가 언제나 당장 따르는 것은 아닙니다. 그러나 우리가 하나님께서 보여주신 뜻에 온전히 자신을 복종시키고, 하나님 앞에 그것을 동의할 때, 비로소 행위가 반드시 따르게 됩니다. 따라서 모든 것을 진정으로 포기할 준비가 되어 있는 영혼은, 설사 자신이 그것을 실행하기가 도저히 불가능하다고 느껴질 지라도 입으로 먼저 그것을 고백해야 합니다.

물건을 살 때, 물건 값을 완전히 지불해야만 살 수 있는 것은 아닙니다. 물건을 살 사람이 선금이나 계약금을 내거나, 또는 잔금을 지불할 보증서에 도장을 찍는 순간부터 물건의 주인이 될 수도 있습니다.

신자들이여, 오늘 당장 이렇게 말하십시오. "어떤 값을 치르더라도, 나는 이 축복을 가질 것입니다." 예수께서는 당신이 모든 것을 포기해도 될 보증수표가 되십니다. 확신과 인내심을 가지고 하나님 앞에서 당신의 결정을 표현하십시오. 자신의 양심 앞에 그것을 다음과 같이 반복해서 말하십시오. "나는 매우 값 비싼 진주를 산 자이다. 나는 오순절의 충만한 복을 받기 위해 모든 것을 포기했다. 나는 하나님께 내가 그것을 반드시 가져야 하고, 가지게 될 것이라고 고백했다. 나는 이 결정을 결코 바꾸지 않을 것이다."

믿음으로 이러한 축복을 받아들인 것과 그것을 실제로 경험하는 것 사이에는 커다란 간격이 있습니다. 그리스도인들은 자기들에게 약속된 것에 대한 느낌과 즐거움을 즉각 경험하지 못할 때 종종 낙심을 합니다. 당신이 오순절의 충만한 축복을 위해 다른 모든 것을 버리거나 포기할 것을 말할 때, 당신은 그 순간부터 하나님께서 당신의 그러한 결정을 받으시고, 당신을 성령으로 충만하게 하실 것을 믿어야 합니다.

그러나 당신은 즉각적으로 어떤 주목할 만한 변화를 경험하지 못할 수 있습니다. 당신의 모든 것은 마치 옛날과 똑같은 상태에 있는 것처럼 보일 수도 있습니다. 하지만 지금은 믿음 안에서 인내해야 할 때입니다. 하나님께서 당신이 모든 것을 포기한 것을 분명하고 완전한 계약 관계로 받아들이셨다는 것을 믿으십시오. 하늘에서 하나님이 쓰신 계약서를 실제 증서로 본 것처럼, 믿음으로 확신을 가지십시오.

이러한 믿음으로 하나님께서 당신을 하늘의 보화를 위해 모든 소유를 판 사람으로 바라보신다는 사실을 확신하십시오. 하나님께서 당신에게 성령 충만을 주셨다는 것을 믿으시기 바랍니다. 그리고 자기자신을 느낌과 경험으로 충만한 축복을 알아가는 중에 있는 사람으로 인정해주세요. 하나님께서 이러한 축복이 당신 안에서 싹이 나고, 모습을 나타나도록 명령하신다는 것을 믿으십시오. 믿음 안으로 당신의 삶을 기쁨의 감사와 소망으로 가득 차게 하십시오. 하나님께서는 당신을 결코 실망시키지 않으실 것입니다.

••• 실제로 나타날 것을 기다리십시오 •••

우리는 실제 믿음으로 이러한 축복에 대한 약속을 기업으로 받고, 그것을 경험하며 누려야 합니다. 체험이 없는 믿음에 절대 만족해서는 안 됩니다. 하나님께서 그분의 방법으로 당신에게 자신을 나타낼 것을 온전히 믿고 안식하십시오. 때로는 그 전체 과정이 당신이 믿을 수 없을 만큼 너무 위대하고 놀라우며, 불가능하게 보이기도 할 것입니다.

그러나 두려워하지 마십시오. 당신이 하나님 앞에서 '성령으로 충만하게 하실 줄 믿습니다.' 고백했던 의미를 분명히 인식할수록, 하나님의 은혜로운 기적을 더욱 체험하게 될 것입니다. 당신에게는 자신도 모르게 이러한 축복이 임하지 못하도록 방해하는 것들이 있을 수 있습니다. 그러나 하나님께서는 지금 그것들을 제거하는 작업을 하고 계십니다. 그것들을 불꽃 가운데 타게 하십시오. 하나님의 사랑과 임재의 불꽃으로 그것들을 전멸시키십시오. 여호와 하나님만 바라보고 기대하십시오.

예수님을 죽음으로부터 살려 영화로운 생명을 주신 그분께서는 당신에게도 똑같이 하늘의 복이 임하는 기적을 행하실 것입니다. 당신은 그때 성령으로 충만하게 될 것이며, 이론이 아닌 체험을 통해 자신이 성령을 받았다는 사실을 알게 될 것입니다.

하나님께서는 당신이 성령으로 충만하게 되기를 원하십니다. 그 분께서는 당신의 모든 존재와 삶이 성령의 지배 아래 있기를 원하십니다. 하나님께서는 당신에게 진정 그렇게 되기를 원하는지를 물으십니다. 그때 분명한 목소리로 다음과 같이 대답하기 바랍니다. "예, 주님! 전심으로 그렇게 되기를 원합니다." 오순절의 축복에 대한 하나님의 약속을 당신의 삶 가운데서 가장 중요하게 여기십시오. 그리고 그것을 가장 갈망하며 우선순위에 두십시오. 그것에 대해 생각하고 기도하는 것으로 만족하지 마십시오. 바로 오늘 하나님과의 언약 관계에 들어가므로 당신의 선택이 의심의 여지가 없다는 것을 확증하십시오.

이러한 선택을 하는 순간, 하나님의 전능하신 능력으로, 축복을 기대하는 믿음 위에 굳게 서기 바랍니다. 당신은 이러한 믿음을 열렬히 활용할수록, 성령으로 충만하게 되기 위해서는 자신의 마음을 완전히 비우고, 모든 속박으로부터 자유 해야 한다는 사실을 더욱 깨닫게 될 것입니다. 당신은 이러한 축복이 반드시 올 것이라는 것을 굳게 믿어야 합니다.

영적 탁월함을 추구하며

신자가 오순절의 충만한 축복을 받기 위해서는
자신의 능력에 대한 모든 소망을 포기해야 합니다.
그렇지 않고는 값없이 주시는 전능하신 하나님의
능력의 은사를 받을 수 없습니다.

이것을 어떻게 강화시킬 수 있습니까?

"여호와는 너를 지키시는 이시라 여호와께서 네 오른쪽에서 네 그늘이 되시나니."
시편 121:5

오순절의 축복은 우리가 반드시 사용하여야 하며 사용할 때 더 강력해지는 은사입니다. 예수님은 성령님으로 세례를 받으신 후 성령의 인도에 순종하고 복종하셔서 온전하게 되셨습니다. 마찬가지로 오순절의 축복을 받은 그리스도인들은 자기에게 위탁된 이러한 은사를 유지할 수 있어야 합니다.

당신이 영적으로 성장하는 방법에 대해 알기를 원한다면, 다음의 성경 말씀과 같이 영적인 삶을 담대하게 주님께 맡기기 바랍니다. "나의 의뢰한 자를 내가 알고, 또한 나의 의탁한 것을 그날까지 저가 능히 지키실 줄을 확신함이라… 우리 안에 거하시는 성령으로 말미암아 네게 부탁한 아름다운 것을 지키라"(딤후 1:12, 14). 유다도 "하나님의 사랑 안에 자기를 지키며"란 말에 이어, "그 영광 앞에 흠이 없이 즐거움으로 서게 하실 자"(유 1:12, 14)란 찬송을 덧붙이고 있습니다.

오순절의 축복을 개발시키는 중요한 성공 비결은 우리를 지키시는 주님과 그리고 우리를 그분과의 깊은 교제 가운데로 인도하시는 성령을 겸손히 의지하는 것입니다. 이러한 축복은 광야에서 내린 만나처럼 하늘로부터 매일 새롭게 되어야 합니다. 땅에서의 삶처럼 하늘로부터 오는 새로운 생명도 외부와 위로부터 새로운 공기를 호흡해서 매순간 유지되어야 합니다. 그러면, 이러한 축복이 어떻게 항상 존재하며, 방해받지 않은 채 유지될 수 있는지에 대해 알아보도록 합시다.

예수님은 이스라엘을 지키시는 분입니다. 이것이 그분의 이름이 암시하는 것이며, 그분의 역할입니다. 하나님은 세상을 창조하셨을 뿐 아니라, 그것을 지키고 보존하십니다. 예수님은 단지 오순절의 축복을 주는 것만으로 만족하시지 않습니다. 그분께서는 매 순간 그것을 유지하며 보존하고 계십니다. 성령님은 결코 우리에게 종속되거나 우리에게 위탁되셨거나, 혹은 우리를 통해 사용되어야 할 능력이 아닙니다. 성령님은 매순간마다 우리 위에서 자신의 일을 초월적으로 이루시는 능력의 근원이십니다. 따라서 우리가 취해야 할 바른 자세와 태도는 항상 자신의 무력함과 무능함을 깊이 깨닫는 것입니다. 우리의 최고 관심사는 예수님께서 우리 안에서 그분의 일을 행하시도록 허락하는 것입니다.

우리의 영혼이 이러한 진리를 분별하지 못하는 한, 우리가 오순절의 충만한 축복을 받는 데 항상 두려울 것입니다. 그러한 사람들은 이렇게 말합니다. "나는 그렇게 거룩한 삶만을 계속 살 수 없어요. 나는 항상 그렇게 높은 수준에 머무를 수가 없습니다." 그러나 이러한 생각은 우리가 위대한 실체인 오순절 은사를 잘못 이해하고 있다는 것입니다. 예수님은 성령으로 우리 안에 들어와 거하실 때, 오순절의 축복을 계속 유지시키는 사역을 행하시며, 우리의 내적인 삶을 당신의 특별한 보호 아래 관리하십니다.

오순절 축복의 기쁨은 반드시 세심한 주의가 필요한 반면, 불안이 없고 항상 삶에 기쁨이 있는 것이 특징입니다. 성령의 거룩한 전(殿) 안에는 주께서 거하고 계십니다. 그분께서는 그 안에 거하시면서 모든 것을 행하고 계십니다. 그분께서는 우리의 영혼이 당신께서 우리의 신실한 목자와 전능하신 보호자가 되신다는 사실을 인정하고 높이기를 원하십니다.

• • 예수님은 오순절의 축복을 계속 보존하심 • •

하나님의 나라가 진척될 때 한 순간도 빠지지 않고 적용되는 법칙은 "네 믿음대로 될지어다." 라는 것입니다. 당신이 처음 주 예수 그리스도를 영접할 때의 믿음은 마치 겨자씨 한 알과 같이 작았습니다. 그러나 믿음 생활을 하며 주 안에 있는 충만한 것을 보다 많이 보고 누릴 만큼 크게 자랐습니다.

바울 사도는 갈라디아 교회의 성도들에게 보낸 서신에서 이렇게 썼습니다. "이제는 내가 산 것이 아니요, 오직 내 안에 그리스도께서 사신 것이라 이제 내가 육체 가운데 사는 것은 나를 사랑하사 나를 위하여 자기 몸을 버리신 하나님의 아들을 믿는 믿음 안에서 사는 것이라" (갈 2:20). 바울의 믿음은 자신의 삶과 사역의 필요를 감당할만큼 크고 제한이 없었습니다.

그는 범사에 항상 예수님이 모든 것을 행하실 것을 믿었습니다. 바울의 믿음은 예수님으로부터 나오는 힘처럼 충만하고 제한

이 없었습니다. 그는 자신의 모든 삶을 예수님께 드리고, 자신은 죽었습니다. 바울은 무조건적이고 지속적인 믿음을 통해 예수님께 자기의 삶을 마음껏, 무한히 사용하시도록 했습니다.

성령 충만은 하늘로부터 오는 영생과 같이 단번에 주어지는 은사가 아닙니다. 그것은 하나님과 어린 양의 보좌로부터 쉬지 않고 흘러나오는 생명수 강물과 같은 것입니다. 또한 그것은 주 예수 그리스도와 땅 위에 있는 당신의 백성 사이의 가장 인격적이고 친밀한 교제인 예수님의 생명과 사랑을 마음껏 나누는 것입니다. 우리가 믿음으로 이러한 진리를 분별하고 기쁨으로 그것을 굳게 지킬 때, 예수님은 분명히 오순절의 축복을 지켜주실 것입니다.

••• 예수님과의 보다 친밀한 교제 •••

예수님은 오순절의 축복을 주님과의 교제 속에서 계속 지켜 나가십니다. 오순절 축복의 최고 목적은 예수님이 우리의 구세주가 되신다는 사실을 드러내는 것으로, 우리를 통해 영혼을 구원하는 그분의 능력을 나타내려는 것입니다. 성령께서는 그저 예수님의 자리를 대신하기 위해 오시지 않았습니다. 오히려 주님께서 세상에 계실 때보다 더 완전하게, 제자들과 그분을 연합시키기 위해 오셨습니다.

위로부터 임한 능력은 제자들이 자기들의 것이라고 주장할 수 없었습니다. 그 능력은 주 예수 그리스도와 성령으로부터 분리될 수 없도록 완전히 결합된 것입니다. 모든 능력의 행사(行使)는 그분들 가운데 일하시는 하나님의 직접적인 역사였습니다.

능력이 임한 후에 제자들은 예수님이 이 땅에 계실 때처럼 그분을 따르고, 그분에게 배우며, 그분의 뜻을 행하고, 고난에 동참하면서 더 크고 깊은 교제를 나누게 되었습니다.

이러한 것은 우리에게 있어서도 마찬가지입니다. 우리 안에 계신 성령께서는 항상 예수님을 영화롭게 하며, 그분만이 구주가 되심을 나타내십니다. 하나님과 경건의 시간을 통한 깊은 교제, 하나님의 말씀을 탐구하며 성경을 통해 그분의 뜻을 구하는 성실한 태도, 사람들을 하나님께 인도하기 위해 자신의 시간과 사업을 희생하는 것 등은 오순절의 축복을 풍성하게 하기 위해 반드시 필요한 것들입니다. 그 무엇보다 주님과 교제를 사랑하는 사람은 반드시 주님의 보호하심을 받을 것입니다.

● ● ● 순종하는 자들을 위한 것 ● ● ●

주 예수 그리스도께서 성령을 보내실 것을 약속하셨을 때, 그분은 세 차례에 걸쳐 이 축복이 순종하는 자들을 위해 주어진다는 사실을 말씀하셨습니다. "너희가 나를 사랑하면 나의 계명을 지키리라. 내가 아버지께 구하겠으니 그가 또 다른 보혜사를 너희에게 주사 영원토록 너희와 함께 있게 하시리니"(요 14:15, 16). 그리고 베드로는 이렇게 말했습니다. "하나님이 자기를 순종하는 사람들에게 주신 성령도 그러하니라"(행 5: 32).

성경은 우리 주님에 대해 이렇게 말하고 있습니다. "자기를 낮추시고 죽기까지 복종하셨으니… 이러므로 하나님이 그를 지극히 높여"(빌 2:8, 9). 순종은 하나님의 명령입니다. 우리는 순종할 때 아담의 타락 때문에 잃은 것을 회복할 수 있습니다. 예수님은 순종의 능력을 회복시키기 위해 오셨습니다. 그것은 그분의 삶을 통해서만 가능합니다. 순종이 없이는 오순절의 축복이 임하거나, 함께 하는 것이 가능하지 않습니다.

순종에는 2가지의 종류가 있습니다. 그 중 하나는 오순절 이전의 제자들이 했던 것 같은 매우 불완전한 순종입니다. 그들은 주님께서 명령하신 것을 행하고자 하는 열망은 있었지만, 그것을 행할 능력이 없었습니다. 그러나 주께서는 그들의 열망과 목적을 순종으로 간주하셨습니다. 다른 한 가지의 순종은 성령 충만을 통해 임하는 것으로 온전한 복종에 대해 능력이 주어지는 더욱 풍성한 삶입니다.

오순절의 충만한 축복의 특징은 아주 사소한 부분에서도 온전히 복종하는 순종입니다. 예수님은 우리가 당신의 음성을 듣고, 성령의 음성을 들으며, 양심의 소리를 듣도록 인도하십니다. 확실하고 강력한 오순절의 삶을 만드는 방법은 예수님을 알고, 예수님을 사랑하며, 예수님이 하나님 아버지를 매우 기쁘시게 하신 분, 다시 말해 아버지께 온전히 복종하신 분으로 받아들이는 것입니다.

이러한 복종의 실천은 우리의 영혼에 하나님을 의지하고, 그분으로부터 모든 것을 기대하는 놀라운 강건함과 확신과 능력을 줍니다. 강한 믿음을 위해서는 강한 의지가 필요합니다. 하나님을 완전히 의지하는 것은 순종을 통해 가능합니다. 이것만이 주께서 우리를 항상 넘치는 축복으로 인도하실 수 있는 유일한 방법입니다.

••• 한 몸, 한 성령 •••

그리스도인이 성령 충만을 구할 때는 먼저 자신을 위해 그렇게 할 것입니다. 심지어는 그러한 축복을 받는 새로운 경험을 한 후에도 그는 계속해서 어떻게 하면 자신을 위해 그것을 잘 관리할 수 있을지를 생각하는 경향이 있습니다. 그러나 성령님은 그에게 다른 사람과 분리된 상태에서는 몸의 어떠한 지체도 건강한 삶을 누릴 수 없다는 사실을 곧 가르쳐 주십니다. 따라서 그는 몸이 하나요, 성령도 하나라는 사실을 이해하기 시작합니다. 성령 충만을 향유하기 위해서는 그리스도의 몸을 이루는 지체의 연합이 중요하다는 사실을 깨달아야 합니다.

이러한 원리는 우리에게 성령 충만의 축복이 유지될 수 있는 몇 가지의 매우 중요한 조건들에 대해 가르쳐 줍니다. 당신이 가진 모든 것은 다른 사람들의 것이며, 따라서 그들을 섬기는 데 사용되어야 합니다. 마찬가지로 다른 사람들이 가진 모든 것은 당신의 것이며, 그러므로 당신에게는 매우 필요한 것들입니다. 성령님은 몸의 각 지체들이 연합해서 일할 때 효과적으로 역사하실 수 있습니다.

당신은 다른 사람들에게 주님이 당신에게 행하신 일이 무엇인지 전하고, 그들에게 중보 기도를 요청하며, 그들과의 교제를 힘쓰고, 주님이 당신에게 주신 것으로 그들을 도와야 합니다. 당신은 오늘날 그리스도의 교회가 처한 불행하고 무기력한 상태를 마음 깊이 담고 있어야 합니다. 그러나 정죄와 비판의 영이 아니라, 겸손과 기도의 영으로 담아야 합니다.

예수님은 당신에게 사랑이 제일이라고 말한 것의 의미를 가르쳐 주실 것입니다. 그리스도께서는 교회의 성장을 위해 자신을 내어드리는 만큼 더 큰 오순절의 축복을 경험하게 하실 것입니다.

예수 그리스도 이름에는 하나님의 영혼 구원 사역을 위한 온전한 헌신의 의미가 함축되어 있습니다. 그분께서는 바로 이러한 목적을 위해 이 땅에 사셨으며, 지금도 하늘에서 역사하고 계십니다.

성령을 이야기 하는 사람이 어떻게 하나님의 사역과 영혼을 구원하는 일에 초점을 맞춘 영이외의 다른 영을 꿈꿀 수 있겠습니까? 그러한 것은 절대 불가능합니다. 그러므로 우리는 처음부터 서로 불가분리의 관계에 있는 성령님의 두 가지 활동(그리스도의 몸인 교회와 영혼 구원)을 함께 생각해야 합니다. 성령님이 우리 안에 역사하시는 이유는 바로 우리를 통해서 일하시기 위해서입니다. 따라서 우리는 하나님의 사역을 이루기 위해, 우리 자신이 성령님께 사용되도록 드려야만 합니다.

• • • 한 가지 더 생각할 점 • • •

우리는 예수님에 대해 우리를 지키시는 분이라고 말하지만, 자기가 이 땅에서 항상 그분의 손 안에 그리고 그분의 능력 아래 있다는 사실을 실제로 믿기 어려울 때가 종종 있습니다. 만약 성령님이 우리에게 그리스도께서 우리 안에 거하신다는 사실을 계시하신다면, 이러한 진리가 얼마나 더 분명하고 영광스럽게 될까요? 예수님은 우리 안에 거하고 계십니다. 아주 미세한 입자나 컵 안에 든 물처럼이 아니라, 우리 몸 안에 있는 영혼처럼 계셔서, 육체의 모든 부분과 연합되어 있고, 또 서로 분리될 수 없는 상태로 계십니다.

이것은 너무나 분명한 사실입니다. 그리스도는 우리 안에 계십니다. 우리의 죄된 본성안에 자신의 본성을 넣어주셨습니다. 성령님은 예수님이 우리 안에 더 깊이 자리 잡도록 돕기 위해 오셨습니다.

태양은 하늘에 높이 떠있지만, 열기는 나의 뼈와 관절을 파고

들어 나의 모든 삶을 소생시킵니다. 마찬가지로, 하늘 높은 곳에 계신 예수님은 성령으로 나의 전 존재에 파고들어 나의 의지와 생각과 느낌을 바꾸십니다.

우리는 이러한 사실을 온전히 깨달을 때, 이미 자기 밖에 있는 인간을 의지하지 않게 됩니다. 우리는 하나님의 방법을 통해 우리의 마음을 주장하시는 분 때문에 자기의 생명이 소생하게 된다는 것을 확신하게 됩니다. 우리는 또 우리 안에 내주(內住)하시는 예수님이 오순절의 축복을 계속 보존하시고 성령 충만을 유지시키고 계시다는 당연하고 확실하며 복된 사실을 깨닫게 됩니다.

형제들이여, 이처럼 성령으로 충만한 복을 받기 원하면서도, 그것을 어떻게 유지할 수 있는지 몰라서 시도하는 것을 두려워 하고 있습니까? 예수님은 이러한 축복을 지속시키시고 확실하게 하실 것입니다. 이러한 축복을 갈망하면서도 그 비밀을 알지 못합니까? 그 축복은 예수님이 육체로 계시는 동안 매일 당신의 제자들과 함께 계셨던 것처럼, 매일 당신 안에 성령으로 살아가신다는 것입니다. 산의 정상에 오르기까지는 아무도 그곳에서의 광경이 어떻게 보일 것인지 정확히 알 수 없습니다.

비록 당신이 모든 것을 이해하지 못할지라도, 주 예수님이 성령님을 보내신 목적이 그 분의 능력 아래 당신을 보호하기 위해서라는 사실을 믿기 바랍니다. 자신의 모든 짐을 벗어버리고 영생에 이르게 하시며, 샘솟듯 솟아오르는 샘물되신 그분께 이 축복을 받읍시다.

영적 탁월함을 추구하며

성령의 축복을 발전시켜 나가는 아주 중요한
성공의 비밀은 바로 주님께 겸손히 의존하는 연습이라네.

CHAPTER 8

어떻게 해야 더 많은 축복을 받을 수 있습니까?

"나를 믿는 자는 영원히 목마르지 아니하리라."
"나를 믿는 자는 성경에 이름과 같이 그 배에서 생수의 강이 흘러나오리라 하시니."
요한복음 6:35, 요한복음 7:38

오순절의 충만한 축복을 더 많이 받는것이 가능할까요? 이미 충만한 것이 더 충만해질 수 있을까요? 예, 당연히 그럴 수 있습니다. 그것은 항상 넘쳐흐를 만큼 충만해질 수 있는데, 특별히 오순절의 축복이 그렇습니다.

위에 언급된 우리 주님의 말씀은 갑절의 축복에 대해 말하고 있습니다. 먼저, 예수님은 당신을 믿는 자는 영원히 목마르지 않을 것이라고 말씀하고 계십니다. 따라서 이러한 믿음의 소유자는 항상 만족을 누리게 될 것입니다. 이어서 예수님은 더 장엄하고 영광스러운 것에 대해 말씀하고 계십니다. 주님을 믿는 자는 그의 마음에서 생수의 강이 흘러 넘쳐, 다른 목마른 사람을 풀어줄 것이라는 것입니다. 이것이 바로 충만한 것과 넘치는 것의 차이입니다. 어떠한 잔은 가득 차 있지만, 다른 사람을 위해 넘칠 정도는 못되는 것이 있습니다. 잔이 항상 가득 차고 다른 사람을 위해 넘칠 정도가 되려면, 차서 넘치도록 계속 붓는 공급이 있어야 합니다. 주께서 당신을 믿는 제자들에게 약속하신 것이 바로 이것입니다. 그분에 대한 믿음이 처음에는 그들에게 목마르지 않는 정도의 축복을 줍니다. 그러나 그들의 믿음은 성장하고 강해지면서, 다른 사람들에게 흘러넘치는 생수의 우물이 됩니다. 성령님은 처음에는 우리를 채우시지만, 다음에는 우리 주변의 영혼들에게까지 흘러가서 충만하게 하십니다.

생수의 강은 땅 위에 있는 많은 샘들에 비유될 수 있습니다. 우리가 처음 샘을 파면, 물은 약하게 흘러나옵니다. 하지만 물을 많이 사용하면 할수록 수원(水源)은 점차 깊어지고 더 많은 물이 흘러나오게 됩니다.

이제부터 성령 충만이 우리의 영적 생활 가운데서 지속적으로

흐르게 하는 중요한 요인들을 찾아보도록 하겠습니다. 몇 가지의 간단한 지침들이 이 지식을 얻는데 도움이 될 것입니다.

••• 이미 가진 것을 굳게 잡으십시오 •••

먼저 하나님께서 당신에게 주신 축복에 대해 오해하지 않도록 주의 하십시오. 오순절의 충만한 축복에 대해 잘못된 개념을 가지면 안 됩니다. 오순절의 능력과 기쁨은 즉시 느껴지고 눈에 보여야 한다고 생각하지 마십시오. 그것은 오늘날의 교회가 살아있다고 하지만, 죽은 것과 다름없는 상태에 있기에 종종 회복이 더디게 나타나기 때문입니다.

처음에는 오순절의 충만한 축복을 하나의 작은 씨앗으로 받습니다. 새 생명을 얻은 영혼은 그 축복을 사모하기 때문에 그 축복을 위해 자신을 아낌없이 바칩니다. 그리고 그는 속으로 하나님께서 자기의 헌신을 받으셨으며, 그는 하나님께서 아낌없이 드리는 것을 기뻐하시고 약속하신대로 축복하신다고 믿었습니다. 그러한 믿음 가운데 그는 "오순절의 충만한 축복은 나를 위한 것이라"고 생각하며, 조용히 기쁘게 신앙생활을 합니다.

그러나 그가 기대한대로 축복을 실제로 경험하지 못했습니다.

그렇기 때문에 그는 자신의 헌신이 실질적인 것이 아니었으며, 일시적인 감정에 불과한 것이었다는 두려움을 느끼기 시작합니다. 그는 실제 축복은 이미 자신이 받은 축복보다 훨씬 더 크고 강력한 것일까봐 두려웠습니다. 그래서 얼마 지나지 않아 더 큰 축복을 받기보다 축복을 잃어버리기 시작합니다. 이러한 낙심 때문에 그는 믿음이 성장하지 못하고, 오히려 퇴보하게 됩니다.

이러한 상태에 빠지는 원인은 단순히 믿음이 부족해서 그렇습니다. 우리는 우리 안에 계신 하나님과 그 분의 역사를 눈에 보이는 것이나 느낌을 통해서만 판단하려는 경향이 있습니다. 축복을 받기 위해서는 처음부터 끝까지 믿음으로 걸어가야 한다는 사실을 망각합니다.

최고로 성숙한 그리스도인들 조차도 다음과 같이 믿음을 배웠습니다. 그들의 믿음은 하나님이 일하시는 것을 눈으로 직접 보며 성숙하지 않았습니다. 그들의 믿음은 보이지 않고, 깊이 감추어져 있으며, 인지할 수 없는, 영적인 차원에서 일하시는 것을 통해 성숙했습니다.

당신은 이와 같은 낙심의 순간에 성경에 약속된 진정한 생명의 상태로 돌아가기를 원합니까? 당신이 진정으로 하나님께 순종하고 헌신했다면, 하나님 앞에서 평안히 쉬며, 자신감을 잃지 마세요. 그렇게 할 때, 당신은 하나님의 뜻을 알게 될 것입니다.

당신이 하나님 앞에 자신을 정결히 하고 빈 그릇으로 드렸다고 확신한다면, 계속해서 그렇게 드리기를 힘쓰고, 그분 앞에 잠잠하십시오. 그리고 하나님께서 당신을 가득 채워야 할 정결한 그릇 – 하나님에 대한 온전한 순종과 그리스도 때문에 정결하게 된 것 – 으로 받으셨다고 믿는다면, 매일 그러한 자세를 유지하십시오. 그렇게 할 때, 당신은 그러한 축복이 더욱 자라고 넘쳐흐를 것을 기대할 수 있습니다. "그것을 믿는 이는 다급하게 되지 아니 하리로다"(사 28:16).

••• 자신을 계속 부인하십시오 •••

당신은 순종을 서약하면서, 하나님 나라의 보화를 위해 모든 것을 희생하고 버릴 준비가 되어 있다는 것을, 진실하고도 정직하게 말했습니다. 그것은 하나님께서 받아들이시기에 충분한 서원이었습니다. 그러나 당신은 아직까지 자신이 한 말의 중요성을 충분히 이해하지 못하고 있습니다. 주께서는 아직도 개인의 자아와 그것이 당신의 본성에 얼마나 깊이 뿌리박혀 있으며, 얼마나 부패되었고 동시에 깊이 숨어 있다는 사실에 대해 많이 가르치실 것입니다.

매일 그리고 지속적으로 자신의 이기적인 삶을 부인해서 성령님께서 일하실 수 있는 공간을 만드십시오. 당신은 성령님께서 언제나 그 빈 자리에 들어와 그곳을 채우려 하신다는 사실을 알 것입니다. 당신은 당신의 관점으로 모든 것을 버리고 희생했습니다. 그러나 성령님께서 가르치시는 것에 자신의 마음을 항상 여시기 바랍니다. 그래야 성령님은 당신을 더 깊은 곳으로 인도하실 수 있습니다. 그리고 이 모든 것을 희생하는 것이 교회의 원칙이 될 때, 오순절의 축복이 강물처럼 다시 넘쳐흐르는 것을 보게 하실 것입니다.

놀랍게도 어떠한 때는 지극히 작은 것이 지속적인 축복의 증가를 방해하고 막아버립니다. 예를 들면, 친구 간의 작은 불화가 그러한 경우에 해당되는데, 그들은 그리스도께서 명하신 대로 즉각 용서하고 참으려 하지 않습니다. 그 외에 잘 드러나지 않는 지나친 과민 반응이나 겸손한 자세를 받아들이려 하지 않으려는 야망이 문제가 될 수 있습니다. 혹은 이 땅의 재물이 자기 것인 양 그것을 소유하거나 사용하려는 것이 원인이 될 수 있습니다.

그 자체는 허용될 수 있으며 죄가 아니지만, 우리가 하나님의 영의 인도를 받는다고 주장하는 것과는 조화될 수 없습니다. 이 땅에서 예수님이 가난한 가운데 사셨던 것처럼, 우리는 하늘나라의 유업이 우리의 모든 욕망을 충족시키고도 남는다는 것을 보여주어야 합니다. 그것은 우리가 육체의 정욕에 아주 쉽게 굴복하는 불신앙 때문에 벌어진 결과 때문일 수도 있습니다.

성도들이여, 당신은 진정 성령의 충만한 복을 마음껏 누리기 원합니까? 그렇다면 시험이 임하기 전에 그리스도를 본받고, 그분의 온전한 제자가 되는 근본적인 법을 이해하고, 모든 것을 버리기 위해 자신을 훈련하십시오. 그리고 "이 땅에서 백배의 복을 받는" 확실한 약속을 통해 자신을 강하게 하고, 그것을 온전히 지키도록 하십시오. 그러면 당신은 누르고 흔들어 넘치도록 부어지는 충만한 복을 받게 될 것입니다.

••• 헌신과 베풂 •••

하나님은 사랑이십니다. 하나님께서는 주님이 창조하신 피조물들의 생명이 되시고, 그들이 주님의 거룩과 축복에 참여하게 하시려고, 사랑 안에서 주님의 전 존재를 헌신하십니다. 그분께서는 모든 사람을 축복하고 섬기십니다. 하나님이신 그 분께서는 당신의 모든 것을 피조물들을 위해 후하게 쓰셔서 영광을 받으십니다.

예수 그리스도는 사랑이신 하나님의 아들로 사랑으로 세상에 와서 행하셨습니다. 그분은 보이지 않는 하나님을 이 땅에서 볼 수 있게 하셨습니다. 그분이 이 땅에 와서 사시고 고통을 당하시다 죽으신 것은 사랑을 보이셔서 영광을 받으시려는 아버지를 영화롭게 하셨습니다. 예수님은 삼위일체 하나님의 목적이 인류를 축복하고 행복하게 하는 것이며, 가장 존귀한 명예와 축복은 다른 사람을 섬기고, 그들을 위해 희생하는 것으로부터 온다는 사실을 보여주기 위해 오셨습니다.

성령님은 우리를 하나님의 성품에 참여시키기 위해 아버지와 아들의 영으로 오셨습니다. 성령님은 그리스도의 형상이 우리안에 이루어지며 우리의 모든 속사람이 하나님의 형상을 지니게 하시려고 아들과 하나님의 사랑을 충만히 부어주십니다.

어떤 영혼이 성령 충만을 추구하고 받는다 할지라도, 그 영혼이 사랑으로 섬기는 삶을 살 준비가 되지 않았다면, 이러한 축복을 누릴 수 없는 것은 당연한 일입니다. 그렇기에 성령님은 이기적이며 자기를 추구하는 삶을 몰아내기 위해 오셨습니다. 우리가 성령 충만을 경험하기 위해서는 다른 사람의 종으로 그들의 축복을 위해 우선 자신을 헌신할 각오가 되어야 합니다. 성령님은 하나님의 생명으로부터 흘러나옵니다. 우리는 자신을 그분께 복종시킬 때만, 우리의 마음 깊숙한 곳으로부터 솟아나는 생수의 강이 됩니다.

성도들이여, 당신에게 축복이 증가되기를 원한다면, 하나님의 사랑이 당신을 통해 역사하는 삶을 시작하십시오. 성령님을 통해 당신 안에 있는 하나님의 사랑으로 주변의 모든 사람을 사랑하십시오. 하나님의 자녀를 진정으로 사랑하되, 특별히 그들 가운데 가장 약하고 잘못된 사람을 사랑하십시오. 가능한 모든 방법을 통해 당신의 사랑을 보이고, 그것을 행하십시오. 구원받지 못한 사람들을 사랑하십시오. 하나님을 사랑하기 위해 자신을 성령님께 드리십시오. 그리고는 사랑으로만 말하고, 일하며 베풀고, 기도하십시오.

당신에게 다른 사람을 위해 일하거나 또는 그것을 할 수 있는 능력은 없을지라도, 기도할 수 있는 문은 항상 열려 있어, 하나님의 은혜의 보좌로부터 능력을 받을 수 있습니다. 온 세상을 사랑으로 품으시기 바랍니다. 당신 안에 계신 그리스도께서는 불신자들도 사랑하십니다. 성령님은 불신자를 구원하는 그리스도의 능력이 됩니다. 하나님과 예수그리스도 그리고 성령님처럼, 온전히 다른 사람들을 복되게 하는 삶을 사십시오. 그렇게 할 때 축복이 넘쳐흐를 것입니다.

• • • 예수 그리스도가 모든 것이 되게 하십시오 • • •

당신은 성경이 다음과 같이 말하고 있는 것을 알 것입니다. "하나님의 약속은 얼마든지 그리스도 안에서 예가 되니 그런즉 그로 말미암아 우리가 아멘 하여 하나님께 영광을 돌리게 되느니라"(고후 1:20). 주께서 생수의 강에 대해 말씀하셨을 때, 그 분께서는 이 약속을 당신에 대한 믿음과 연관시키셨습니다. "누구든지 나를 믿는 자는 그 배에서 생수의 강이 흘러나리라"(요 7:38). 우리가 "믿는다"는 말을 제대로 이해한다면, 우리는 축복이 증가되는 방법에 대해 이 외의 다른 답변을 알려고 하지 않을 것입니다.

믿음은 성령님으로부터 신적 사랑이 흘러내리는 샘물이 예수님이신 것을 아는 것입니다. 성령님은 이 사랑으로부터 흘러나가는 생명의 전달자이십니다. 이 생명은 언제나 사랑으로부터 나오고, 사랑을 통해 흘러나갑니다. 따라서 우리는 이 약속을 붙잡아야 합니다. 이 축복은 그리스도 안에서 준비된 당연한 우리의 전유물입니다. 지금이라도 믿음의 확신 속에서 안식하고, 하나님이 하실 일에 대해 감사하시길 바랍니다. 그렇게 할 때 믿음이 우리의 영혼을 그리스도를 향해 열리게 만들고, 이렇게 열린 영혼 속으로 이 축복과 함께 들어오셔서 우리를 소유하시고 채우실 것입니다. 믿음은 우리의 영혼과 우리 마음의 보좌 중심에 좌정하신 그리스도께서 우리와 지속적으로 뜨겁게 교제하게 만드는 것입니다.

믿기만 하면, 하나님의 영광을 보게 되리라는 교훈을 깨닫기 바랍니다. 모든 의심과 약한 것들과 유혹을 물리치고, 예수님께서 당신의 삶 가운데 항상 역사하실 것을 믿고, 기뻐하며 확신하십시오.

신자는 두 가지의 방법을 통해 죄와 대항해 싸울 수 있습니다. 그 중 한 가지는 기도와 하나님 말씀의 능력을 의지하여 자신의 모든 힘으로 그것을 물리치는 것입니다. 이러한 싸움에서는 우리가 자신의 의지력을 사용합니다. 다른 한 가지의 방법은 유혹의 순간에 조용히 주 예수 그리스도께 나아가 믿음으로 이렇게 고백하는 것입니다. "주님, 저는 아무런 능력이 없습니다. 저를 지켜

주옵소서." 이것이 바로 믿음의 방법입니다. "세상을 이긴 이김은 이것이니, 우리의 믿음이니라"(요일 5:4). 우리에게 필요한 오직 한 분이신 예수님만이 우리 안에 성령의 역사를 계속 유지하실 수 있습니다. 우리가 쉬지 않고 믿음으로 행할 때, 축복도 쉬지 않고 흘러넘칠 것입니다.

그리스도께서는 우리에게 매 순간 모든 것이 되셔야 합니다. 이 땅 위에서의 생명은 매 순간 신선한 공기를 들여 마셔서 새롭게 하지 않으면 무용지물이 됩니다. 마찬가지로 우리 속에 있는 예수님의 영적인 생명도 매 순간 하나님으로 새롭게 되고, 강하게 되어야 합니다. 하나님께서 이렇게 하시는 것은 우리로 예수님과 하나가 되게 하시기 위해서입니다. 그리스도께서는 하나님의 충만함이며, 하나님 생명의 충만함이며, 하나님 사랑의 충만함입니다. 그리스도는 우리를 위해 예비하시며, 우리와 소통하시는 하나님의 사랑이십니다. 그에 반해, 성령님은 그리스도의 충만이며, 그리스도의 생명이며, 마치 공기가 우리의 주변을 감싸고 있듯이 우리를 그리스도의 사랑으로 감싸고 계십니다.

우리가 그리스도 안에 있다는 사실을 믿으시기 바랍니다. 그리스도는 하늘의 능력으로 우리를 감싸고 계십니다. 그리스도는 하나님의 능력으로 우리에게 생수의 강이 흘러넘치기를 갈망하시는 분인 것을 믿으십시오.

우리의 마음을 전능하신 주님이 말씀의 능력으로 성취하실 것을 확신하는 기쁨으로 충만하게 하십시오. 우리가 유일하게 해야 할 일은 그분을 의지하고, 그분 안에서 기뻐하며, 그분을 위해 모든 것을 희생하는 것입니다. 그렇게 할 때, "누구든지 나를 믿는 자는 그 배에서 생수의 강이 흘러나리라"(요 7: 38)는 말씀이 실현될 것입니다.

영적 탁월함을 추구하며

온전히 다른 사람을 위해 사세요.
그렇게만 산다면 그 축복의 강물이 터져 나오고 또 넘쳐날 것입니다.

CHAPTER 9

온전한 축복이 나타나는 것을 추구하며

"그 영광의 풍성을 따라 그의 성령으로 말미암아 너희 속사람을 능력으로 강건하게 하옵시며
믿음으로 말미암아 그리스도께서 너희 마음에 계시게 하옵시고 너희가 사랑 가운데서 뿌리가 박히고
터가 굳어져서 능히 모든 성도와 함께 지식에 넘치는 그리스도의 사랑을 알아
하나님의 모든 충만하신 것으로 너희에게 충만하게 하시기를 구하노라"

에베소서 3:14-19

하나님께서 주시는 모든 축복은 그 속에 분리시킬 수 없는 생명력이 숨겨져 있는 씨앗과 같습니다. 성령으로 충만하게 된다는 것에 대해 이미 부족한 것이 없는 완전한 상태에 이르는 것으로 생각하지 마십시오. 절대 그렇지 않습니다.

주님께서는 세례를 받으실 때 성령으로 충만하셨지만, 사단이 유혹하는 가운데서 순종하는 것을 배우셔서 온전하게 되셔야 했

습니다. 오순절에 주님의 제자들은 성령으로 충만하게 되었을 때, 그들에게 하늘로부터 능력이 임하므로 자기들의 삶 가운데 죄를 물리칠 수 있었습니다.

성령님은 진리의 영이시기에 우리를 진리로 인도하십니다. 그 분께서는 우리를 하나님의 영원한 목적과 그리스도를 아는 지식으로 인도하십니다. 성령님은 우리를 참된 거룩과 하나님과의 온전한 교제로 인도하십니다. 성령으로 충만하게 된다는 것은 하나님의 자녀로 살며 행하도록 온전히 준비되는 것에 불과합니다.

우리가 이러한 관점에서 성령 충만을 이해할 때, 우리는 하나님의 모든 자녀가 이러한 축복을 받고자 소원하는 것이 얼마나 필요하다는 사실을 아주 쉽게 알 수 있습니다. 우리는 또 바울이 모든 믿는 자들을 위해 이러한 기도를 한 이유를 이해할 수 있습니다. 그는 이 축복을 영적인 우월함이나 특별한 장식으로 생각하지 않았습니다. 하나님의 자녀 가운데 우월한 위치에 있거나, 특별한 사랑을 받는 사람들을 위한 것으로도 생각하지 않았습니다. 따라서 바울은 회심하는 순간, 믿음으로 성령을 받은 사람이면 누구나 그들을 위해 기도했습니다.

바울이 간구한 것은 성령님의 특별한 사역을 통해 하나님의 모든 자녀가 그들의 진정한 목적지인 하나님의 모든 충만하신 것으로 충만하게 되는 것이었습니다. 바울의 기도는 그리스도인의 삶이 얼마나 영광스러운 삶으로 부르심을 받았는지 보여주고 있습니다. 우리는 이와 같은 성령 축복의 충만한 계시와 나타남이 무엇인지를 알아야 합니다.

• • • 능력으로 강건하게 됨 • • •

사도의 진술을 통해, 우리는 그리스도인들이 예수님을 믿을 때 성령님을 받았다는 사실을 분명히 알 수 있습니다. 그러나 바울은 그들이 아직도 성령님이 자기들을 위해 하실 수 있는 일들을 여전히 이해하지 못했거나, 경험하지 못했다는 것을 알았습니다. 바울은 또 그들이 무지 때문에 더는 영적으로 진보하지 못할 위험에 처해있다는 사실을 깨달았습니다.

그러므로 바울은 아버지께서 성령님으로 그들의 속사람을 능력으로 강건하게 해주시기를 위해 쉬지 않고 기도했습니다. 성령으로 강건하게 된다는 것은 성령님으로 충만한 것과 동일한 것을 말합니다. 다시 말해, 그것은 동일한 축복의 다른 면을 나타냅니다. 이것은 건강하게 자라고, 열매를 맺는 삶을 위한 필수 조건입니다.

바울은 아버지께서 이러한 은사를 주실 것을 위해 기도했습니다. 그는 하나님의 풍성한 영광 때문에 이루어질 새롭고 분명한 역사를 위해 기도했습니다. 바울의 간구는 분명히 일반적이고 사소한 것이 아니었습니다. 바울은 하나님이 그들을 기억하시고, 성령의 능력 때문에 하나님의 풍성한 은혜와 부르심으로 그들을 강건하게 하시기를 간구했습니다.

여기에서 당신은 자신의 삶이 날마다 하나님의 뜻과 은혜와 그 분의 전능하심에 의존하고 있다는 사실을 깨달아야 합니다. 그렇습니다. 하나님은 한 순간도 빠뜨리지 않고 성령님을 통해 당신의 속사람을 능력으로 강건하게 하셔야 합니다. 그렇지 않으면, 당신은 하나님이 원하시는 삶을 살 수 없습니다. 이 세상의 어떠한 피조물도 하나님께서 생명을 붙들어 주시지 않는다면 한 순간도 존재할 수 없는 것처럼, 성령님은 하나님께서 매순간 우리 안의 모든 영역에서 일하신다는 보증과 같습니다.

그러므로 하나님께 자신을 온전하고, 복되게 의존하는 법을 배우십시오. 당신에게는 성령님이 당신을 강건하게 하셔서 당신 안에서 생명을 시작하시고, 타락하지 않고 계속해서 생명을 지켜

주실 것을 하늘에 계신 아버지께 간구할 수 있는 권한이 있다는 사실을 인식하기 바랍니다.

바울이 신자들을 위해 중보하고 있다고 말하는 이유는 그 기도의 내용을 보고 스스로가 깨닫고 기도하게 하기 위해서입니다. 모든 것을 하나님 한 분께만 기대하십시오. 아버지께 무릎 꿇고 그 분께서 당신의 풍성한 영광을 보여주실 것을 간구하십시오. 하나님께서 당신 안에 이미 계시는데도 마치 감춰져있고 잠자고 있는 미지의 씨앗처럼, 성령께서는 능력으로 당신안에 내주하십니다. 하나님께서 그 성령으로 당신을 강건하게 하시도록 기도하시고 기대하십시오.

당신의 영혼 가운데 다음과 같은 갈망과 확신을 품으시기 바랍니다: "하나님, 저를 성령으로 충만하게 하옵소서. 하나님, 저를 전능하신 성령의 능력으로 강건하게 하옵소서." 당신의 모든 삶을 날마다 이러한 기도와 확신으로 충만하게 하시기 바랍니다.

••• 하나님의 목표는 무엇인가? •••

성령님을 통해 우리의 속사람을 강건하게 하는 것은 성령님이 하시는 영광스러운 열매입니다. 영원하신 아버지의 위대한 사역은 아들의 모습을 더욱 드러내는 것입니다.

하나님의 선하신 기쁨은 아들을 통해서만 실현됩니다. 아버지께서는 아들을 통해서만 피조물과 교제하실 수 있습니다. 하나님은 자신의 피조물 안에서 아들을 보실 때만 기뻐하십니다. 하나님의 위대한 구속 사역은 우리 안에 당신의 아들을 계시하시므로 우리의 삶을 통해 그리스도의 삶이 드러나게 하시는 것입니다.

그리스도께서 우리 안에 거하시는 것은 일시적으로 집에 기숙하는 것이 아닙니다. 아니, 그것과는 완전히 다릅니다. 주님이 진정으로 내주(內住)하시게 된다면 우리의 마음을 주께 완전히 쏟게 될 것입니다. 그래서 주님은 자신의 생명이 우리의 속사람 안으로 뚫고 들어오게 하셔서 살아나게 하십니다. 아버지께서는 당신의 영을 통해 우리 속사람을 강건하게 하시므로, 우리의 의지를 예수님의 의지와 같게 하시므로 그것과 완전히 동일하게 하십니다.

그렇게 할 때, 우리의 마음은 그리스도의 마음과 같이 되어 아버지 앞에 겸손하게 무릎 꿇고 순종하므로, 그 분의 영광만을 구하게 됩니다. 그리고 우리의 영혼은 그리스도에 대한 갈망과 사랑으로 충만하게 됩니다. 이러한 속사람의 변화를 통해 우리 마음은 주께서 거하시기에 적합한 장소가 됩니다. 주 예수 그리스도께서는 성령님을 통해 우리에게 계시되시며, 우리는 그 분께서 우리의 삶 가운데 심오한 신적인 연합을 통해, 실제 우리와 함께 하신다는 사실을 알게 됩니다.

성도들이여, 하나님께서는 당신 안에서 예수 그리스도를 보기 원하십니다. 그분께서는 그리스도께서 당신 안에 거하시도록 언제나 위대한 역사를 행하실 준비가 되어있습니다. 성령님은 이미 오셨으며, 아버지께서는 성령님을 통해 아들이 당신 안에 항상 살아서 임재하시도록 강하게 역사하십니다. 예수님은 당신을 무척 사랑하시며, 당신을 간절히 원하십니다. 예수님은 당신의 마음 가운데 자신의 처소가 마련될 때까지 계속 기다리실 것입니다. 이것이 바로 성령 충만이 당신에게 가져다주는 최고의 축복입니다.

당신은 믿음을 통해 성령의 내주하심을 받으며, 아버지의 역사를 알게 됩니다. 당신은 보이지 않는 것들을 태양처럼 밝히 구분해 주는 믿음을 통해 살아계신 예수님을 마음 가운데 모시고, 그분을 알 수 있습니다. 예수님은 세상에서 제자들과 항상 함께 하셨던 것처럼, 아니 그것보다 더 많은 시간을 당신과 함께 하시므로 당신에게 그분의 임재와 사랑을 경험하게 하실 것입니다.

성도들이여, 아버지께서 당신을 성령으로 강건하게 하시며,

당신의 마음이 성령 충만을 향해 열려지도록 기도하십시오. 그렇게 할 때 당신은 마침내 "믿음으로 말미암아 그리스도께서 너희 마음에 계시게 하옵시고"란 말의 의미를 깨닫게 될 것입니다.

• • • 사랑이란 • • •

"**너희가 사랑 가운데서 뿌리가 박히고 터가 굳어져서 능히 모든 성도와 함께 지식에 넘치는 그리스도의 사랑을 알아**"(엡 3:17,18). 이것은 그리스도께서 우리의 마음 가운데 내주하실 때 나타나는 영광스러운 열매입니다. 하나님의 사랑은 성령을 통해 우리의 마음 가운데 넘치게 부어집니다. 그리스도께서 우리 안에 내주하실 때, 당신의 아들을 사랑한 하나님의 사랑이 우리에게 임합니다. 하나님 안에서의 생명이 아버지와 아들과 성령의 영원한 사랑인 것처럼, 우리 안에 있는 예수님의 생명 역시 사랑이 아니고 무엇이겠습니까?

우리는 이러한 사랑에 뿌리가 박히고, 굳게 세워져 있는 것입니다. 우리는 사랑의 토양에 심겨져, 하늘의 사랑에 뿌리를 내리고 있습니다. 따라서 우리는 그러한 사랑 안에 존재하며, 그 사랑으로부터 능력을 공급받습니다. 사랑은 우리의 영적 생활에 있어

가장 중요한 요소입니다. 우리 안에 거하시는 성령과 성자 하나님께서 우리에게 가져다주시는 것은 바로 하나님의 사랑입니다.

사랑은 우리에게서 흘러나가는 생명수 강 가운데 으뜸이며, 가장 중요한 물줄기가 됩니다. 사랑은 율법의 완성입니다. 사랑은 "이웃에게 악을 행하지 않습니다"(롬 13:10). 사랑은 "자기의 유익을 구하지 않습니다"(고전 13:5). 사랑은 "형제를 위해 목숨을 버립니다"(요일 3:16). 그렇게 할 때 우리의 마음은 계속 커져갑니다.

우리는 친구뿐 아니라, 원수도 사랑해야 합니다. 우리는 하나님의 자녀뿐 아니라, 세상의 자녀도 사랑해야 합니다. 우리는 자기가 미워하는 자와 죄 사함 받은 자, 영적으로 버림받은 자 그리고 세상 전체를 하나님의 사랑으로 감싸야 합니다. 그 뿐만 아니라, 세상에 속한 모든 사람을 마지막 한 사람까지 사랑해야 합니다.

진정한 행복은 우리가 다른 사람을 위해 자신의 명예와 유익과 편한 것을 희생하는데 있습니다. 사랑은 희생의 대가를 바라지 않습니다. 사랑은 그것을 행하는 것 자체가 축복입니다.

우리는 아버지께서 우리 안에 성령으로 강하게 역사하시고, 성자 하나님께서 내주하실 때만 사랑할 수 있습니다. 그분께서는 친히 십자가에 달리는 사랑을 실천하시므로 우리 마음을 당신으로 충만하게 채우셨습니다. 따라서 우리는 사랑에 뿌리를 박고 있습니다. 하나님께서는 뿌리의 속성을 따라 우리에게 사랑의 열매를 맺게 하십니다.

성도들이여, "하나님은 사랑이시라"는 말씀에 귀를 기울이시기 바랍니다. 하나님은 당신이 사랑에 대해 온전히 알도록 모든 것을 주셨습니다. 그리스도께서 당신의 마음을 온전히 주관하기 원하시는 것은 바로 이러한 사랑 때문입니다. 아버지께서 성령으로 우리를 강건하게 하시고, 우리가 그리스도의 사랑을 알도록 해 주시기를 위해 기도하십시오.

••• 충만한 것으로 충만해지는 것 •••

하나님의 충만하신 것으로 충만해지는 것. 이것은 성령의 충만 때문에 우리에게 나타나는 결과를 말합니다.

하나님께서는 우리의 영적인 눈을 밝게 할 수 있는 방법을 마련해 놓으셨습니다. 우리는 예수 그리스도 안에서 하나님으로 충만하고, 고난과 순종으로 온전하게 되었으며, 하나님의 모든 충만하신 것으로 충만하게 된 사람을 봅니다. 그는 고독하고 가난하며, 연약함을 지닌 평범한 사람이었는데도 불구하고, 이 땅에서 우리에게 하늘나라의 모범적인 삶을 보여 주셨습니다. 그에게서는 항상 하나님의 뜻과 존귀와 사랑과 섬김이 나타났습니다. 그에게 있어 하나님은 모든 것이었습니다.

하나님께서 세상을 창조하신 것은 자신을 계시하기 위해서였습니다. 이 세상의 모든 피조물에는 하나님의 지혜와 능력과 선하심이 거하며, 분명하게 나타나고 있습니다. 우리는 대자연이 하나님으로 가득 차 있다고 항상 말합니다. 믿음의 눈으로 보면 우리는 모든 것에서 하나님을 볼 수 있습니다. 모든 피조물은 하나님을 찬양하며, 온 땅은 하나님의 영광으로 충만합니다. 하나님께서 인간을 당신의 형상대로 창조하신 것은 인간을 통해 당신의 모습을 드러내기 위해서입니다. 다시 말해, 인간에게 당신의 모습을 반영하게 하기 위해서입니다. 인간의 형상이 할 수 있는 것은 인간을 대변하는 것 외에 다른 것이 없습니다. 하나님의 형상으로 창조된 인간은 하나님의 영광을 받아들이고, 그것을 지니며, 그것을 보이도록 지어졌습니다. 따라서 인간은 하나님으로 충만하도록 창조되었습니다.

그러나 하나님의 이러한 목적은 죄 때문에 좌절되었습니다.

인간은 하나님으로 충만한 대신, 세상과 자기 자신으로 충만해졌습니다. 그 죄가 얼마나 우리의 눈을 어둡게 가려버렸던지 우리가 다시 하나님으로 충만해지는 것이 불가능해 보이기까지 합니다. 심지어는 많은 그리스도인들조차 이 충만에서 얻을 것이 없다고 봅니다. 그러나 예수님은 우리를 구속하시기 위해 오셨고, 우리를 다시 이 축복으로 인도하십니다. 하나님은 그의 성령으로 말미암아 우리 안에서 강력하게 역사하실 준비가 항상 되어 있으십니다. 하나님의 아들이 우리의 마음에 거하시는 것도 바로 이 목적을 이루시기 위한 것이며, 그분은 반드시 이 목적을 성취하실 것입니다.

그렇습니다. 이것이 오순절 축복의 최고 목적입니다. 우리는 이 목표에 이르기 위해 성령님께 의지해야 합니다. 성령님은 이 목표로 가는 길을 여실 것이며, 이 길로 우리가 나아갈 수 있도록 인도하실 것입니다. 성령님은 항상 다음과 같이 말씀하셨던 예수님의 깊은 겸손으로 우리 안에서 역사하실 것입니다. "아무 것도 스스로 할 수 없나니", "내 원대로 마옵시고 아버지 원대로 되기를 원하나이다.", "내가 너희에게 말한 것은 나의 말이 아니다." 성령님은 우리 안에 이처럼 자기를 비우는 것과 온전히 하나님을 의지하는 것을 통해 우리의 영혼에 있어 하나님만이 진정 모든 것이 되신다는 사실을 확신하고, 경험하도록 역사하십니다.

성령님은 우리의 믿음을 통해 하나님으로 충만하신 예수님을 우리에게 계시하십니다. 성령님은 우리로 하나님께서 모든 사람에게 주시는 사랑에 뿌리를 박게 하시며, 하나님께서 우리의 모든 것이 되게 하십니다. 예수님께 하셨던 것처럼, 우리에게도 당연히 그렇게 하실 것입니다. 다시 말해, 인간은 아무 것도 아니며, 하나님의 영광과 하나님의 뜻과 하나님의 사랑 그리고 그 분의 능력만이 모든 것인 것을 깨닫게 하실 것입니다.

그리스도인들이여, 하나님의 사랑으로 권면합니다. 이 경험이 당신에게 맞지 않는 것이라고 생각하지 마십시오. 이 경험이 당신을 위한 것이 아니라고 생각하지 마십시오. 이것은 분명히 당신을 향한 하나님의 뜻입니다. 이것은 하나님의 명령인 동시에 하나님의 약속입니다. 그러므로 하나님께서 이 일을 반드시 이루어 가실 것입니다. 지금 이 순간 겸손과 믿음으로 "하나님의 모든 충만하신 것으로 너희에게 충만하게 하시기를 구하노라"는 말씀을 마음에 간직하고, 이 말씀이 당신의 삶에 목적이 되게 하고, 또 좌우명으로 삼으시기 바랍니다. 그리고 이 말씀이 당신에게 이루어

질 것을 소망하십시오.

이 말씀은 축복을 받기 위해 준비하는 것에만 만족하는 당신의 자기중심적인 사고로부터 당신을 끌어올리는 강한 지렛대가 될 것입니다. 이 말씀은 당신이 하나님의 사랑 안에 들어가 뿌리를 내리도록 강권(強勸)할 것입니다. 이 말씀은 당신에게 그리스도께서 당신의 마음 가운데 거하실 때만 이러한 사랑이 당신 안에 거할 수 있다는 사실을 확신시킬 것입니다. 다시 말해, 이 말씀은 당신에게 하나님의 충만이 실현되게 할 것입니다.

하나님 앞에 무릎 꿇고, 그 분의 부요한 영광을 간구하십시오. 당신의 마음에서 다음과 같은 고백이 자연스럽게 나올 때까지 계속 간구하십시오. "그래. 하나님의 충만하심으로 충만하게 되는 것이 바로 하나님께서 나를 위해 준비하신 것이지."

우리 앞에 예비 된 영광스러운 기대 가운데 다음과 같은 사도의 찬송을 함께 부릅시다. "우리 가운데 역사하시는 능력대로 우리의 온갖 구하는 것이나 생각하는 것에 더 넘치도록 능히 하실 이에게 교회 안에서와 그리스도 안에서 영광이 대대로 영원무궁하기를 원하노라. 아멘"(엡 3:20,21). 이처럼 하나님의 부요한 영광보다 못한 것을 구하지 않기 바랍니다. 이전에 구하지 않았다면, 오늘

이 시간, "하나님의 충만하신 것으로 충만하게 되길" 바랍니다.

하나님께서 아브라함에게 "나는 전능한 하나님이라" 말씀하셨을 때, 그분께서는 당신의 약속을 행하시기에 충분한 그분의 전능하신 능력을 믿을 것을 권하신 것입니다. 예수께서 무덤에 묻히신 것은 하나님께서 자신을 그분의 영광스러운 보좌로 들어 올리실 수 있는 그분의 전능하신 능력에 대한 믿음 때문이었습니다. 그와 동일한 하나님의 전능하신 능력이 그분께서 그렇게 행하실 것을 믿는 자들 안에서 하나님의 목적을 성취하기 위해 항상 예비 되어 있습니다. 따라서 우리는 마음 가운데 이렇게 고백해야 합니다. "우리의 온갖 구하는 것이나 생각하는 것에 더 넘치도록 능히 하실 이에게 영광이 있을지어다."

영적 탁월함을 추구하며

하나님의 충만하심으로 충만하시길.
이것이 성령 충만이 가져오는 경험이며,
충만한 성령이 우리에게 가져오기 원하는 경험이며,
성령의 충만함이 가져오실 경험입니다.

CHAPTER

10

하나님이 우리에게
얼마나 확실하게 약속하셨는가?

"너희가 악할지라도 좋은 것을 자식에게 줄 줄 알거든 하물며
너희 하늘 아버지께서 구하는 자에게 성령을 주시지 않겠느냐 하시니라"
누가복음 11:13

야이로가 죽어가는 딸을 위해 주 예수님께 간청하러 왔을 때, 그는 이미 딸이 죽었다는 기별을 받았습니다. 그렇지만, 주님은 그에게 이렇게 말씀하셨습니다. "두려워 말고 믿기만 하라"(눅 8:50). 그가 사람으로서는 완전히 소망이 없는 상황에 부닥쳤을 때, 주님은 그에게 믿기만 하라고 하신 것입니다. 그에게 도움이 될 수 있는 단 한 가지는 "믿기만 하는 것"이었습니다.

이 말씀은 하나님의 자녀들에게 힘을 줍니다. 우리 역시 사람

으로서 모든 소망이 끊어지고, 성공의 가능성이 전혀 없는 것 같은 때가 있습니다. 이러한 때, 이 말씀은 우리에게 유익을 줍니다. 신비하게 역사하는 하나님의 능력은 이 엄청난 은혜를 우리 속에서 실제가 될 수 있게 합니다. 그러므로 하나님 앞에서 잠잠하십시오. 그리고 이렇게 말씀하시는 주님의 음성을 들으십시오. "두려워 말고 믿기만 하라. 하나님이 능히 너를 위해 그 일을 이루실 것이다."

하나님은 이 세상의 아버지가 배고픈 자녀에게 빵을 주는 것처럼, 간구하는 그의 자녀들에게 성령을 부어주실 준비가 되어 있습니다. 우리는 아버지가 자녀에게 모든 유업을 줄 것이라는 굳건한 확신을 가져야 합니다. 하나님은 영이십니다. 하나님은 영원한 사랑으로 우리를 소유하기 원하십니다. 그리고 그렇게 하시는 유일한 방법은 우리에게 그의 성령을 주시는 것입니다. 분명히 그는 하나님이십니다. 그리고 당신은 그의 자녀입니다. 그렇기 때문에 하나님은 당신을 성령으로 충만하게 하실 것입니다.

이 믿음이 없으면, 당신은 이 축복을 구하는 일에 성공할 수 없습니다. 이 믿음으로 당신은 모든 어려움을 넘어 승리할 것입니다. 그러므로 "두려워 말고 믿기만 하십시오." 예수님의 음성을 들으십시오. "내 말이 네가 믿으면 하나님의 영광을 보리라 하지 아니하였느냐" (요 11:40).

● ● ● 이 축복은 어떻게 오는가 ● ● ●

우리가 성령 충만에 대해 생각하다 보면, 몇 가지 아주 기초적인 의문점들이 생깁니다. 그 때문에 우리는 이 축복을 기대하기도 전에 그것에 관한 모든 것을 이해하려는 유혹을 받게 됩니다.

그 첫 번째 궁금증은 "어디에서 이 축복이 옵니까? 내 속에서입니까? 혹은 위로부터 옵니까?" 입니다.

몇몇 신실한 그리스도인들은 즉시 이렇게 대답할 것입니다. "그것은 속에서부터 와야 합니다." 성령님은 오순절 날 이 세상에 강림하셨고, 그리스도인 공동체에 주어졌습니다.

우리가 회심하는 순간, 그는 우리 마음에 들어오십니다. 그렇기 때문에 우리는 성령님이 우리에게 더욱 주어지도록 기도할 필요가 없습니다. 우리는 단순히 그를 인정하고, 우리가 이미 가진 것을 사용해야 합니다. 우리는 성령을 더 달라고 할 필요가 없습니다. 왜냐하면, 우리가 이미 받은 상태 그대로가 성령 충만의 은사이기 때문입니다. 이 성령이 우리를 더욱 소유하셔야 하는 것입니다. 우리가 이렇게 성령님께 전적으로 굴복할 때, 성령님은 우리 속에서부터 우리를 온전히 채워나가실 것입니다. 생수의 강이라는 샘물은 이미 우리 안에 있습니다. 이제 필요한 것은 샘물이 열리는 것이고, 장애물이 제거되는 것입니다. 그럴 때, 생수가 우리 속에서부터 흐를 것입니다.

그런가 하면, 다른 몇몇 신실한 사람들은 이렇게 말할 것입니다. "아닙니다. 그것은 위로부터 와야 합니다." 오순절 날 아버지는 성령님을 우리에게 마음껏 부어주셨습니다. 그렇지만 이 성령님은 아버지의 통제 아래 있습니다. 성령 충만은 여전히 하나님 안에 있는 것입니다. 하나님은 성령님이 그와 분리되지 않고 일하게 하시며, 또 하나님의 뜻과 다르게 독립적으로 일하도록 내버려 두시지도 않습니다.

새롭고 위대한 성령의 능력은 직접 위로부터만 옵니다. 하나님은 성령님을 통해서만 일하시기 때문입니다. 오순절 날이 오래 지난 후에도 성령님은 다시 하늘로부터 사마리아와 가이사랴에 임하셨습니다. 성령님은 하나님의 충만 속에 여전히 하늘에 계십니다. 그래서 우리는 하나님으로부터 성령 충만을 기다려야만 합니다.

그리스도인들이여, 기도하십시오. 이 두 가지 주장 중에서 어느 것이 옳은 것인지를 여러분의 이성으로 결정해서는 안 됩니다. 하나님은 이 두 가지 방법으로 사람들을 축복하실 수 있습니다. 노아의 홍수가 있을 때, 크고 깊은 샘들이 열렸고, 하늘의 창들도 열렸습니다. 물은 아래로부터, 그리고 위로부터 동시에 쏟아졌습니다. 하나님은 이 두 가지 방법 모두로 자기 백성들을 축복하실 수 있습니다. 하나님은 이미 우리 속에 계신 성령님을 우리가 알고 존중하는 법을 배우기를 소원하고 계십니다. 또 하나님은 우리가 의존의 영으로 성령을 기다릴 수 있도록 인도하기를 소원하십니다.

여러분이 이러한 질문들 때문에 뒷걸음치지 않기를 원합니다. 하나님은 당신의 간구를 아십니다. 하나님은 당신에게 무엇이 필요한지 아십니다. 하나님이 당신을 성령으로 채우시기 위해 준비하고 계신 것을 믿으십시오. 당신이 믿음으로 하나님을 바라보고, 확신 가운데 기도하면 하나님은 그 축복을 부어주실 것입니다.

두 번째 궁금증은 이렇습니다. "이 축복은 한 번에 오는 것입니까? 혹은 점진적으로 오는 것입니까? 그것은 다른 사람이 알 수 없는 상태에서 성령의 은혜가 증가하는 것입니까? 혹은 순간적이고 즉각적으로 부어지는 능력입니까?" 여기서 다시 말합니다. 하나님은 이미 두 가지 방법 모두로 이 축복을 부어주셨으며, 앞으로도 그렇게 하실 것입니다.

 그렇지만, 분명한 것은 당신의 삶을 나의 것이라고 주장하지 않고, 모두를 성령의 주관 아래 두는 확실한 결단이 있어야 한다는 것입니다. 그리고 하나님께서 당신의 온전한 항복을 받으셨다는 확신이 필요합니다. 대부분의 경우에 이 결단은 단 번에 이루어집니다. 이것은 아마도 우리가 오랫동안 기도하고 간구하며 찾다가 최종적으로 하나님 앞에 이 축복을 위해 우리의 영혼을 드리는 순간일 것입니다. 이것은 분명하고도 되돌릴 수 없는 한 순간의 행동이며, 우리의 헌신이 제단에서 거룩하게 되고 받아들여졌다고 믿는 것입니다. 이 축복은 한 순간에 능력과 함께 오든지, 또는 느끼지 못하는 사이에 점진적으로 옵니다. 그렇기 때문에 당신의 영혼은 반드시 항복한 상태를 유지한 채, 하나님께서 자신의 사역을 하시도록 하나님께 집중해야 하는 것입니다.

 이러한 궁금증들을 다루며 얻게 되는 중요한 사실은 다음과 같습니다. "믿기만 하십시오." 그리고 "하나님의 신실하심을 의뢰하며" 안식하십시오. 다음의 원칙을 굳게 잡으십시오. 하나님은 우리를 성령으로 충만하게 하시겠다는 약속을 이미 주셨습니다. 이제 이 약속을 성취하실 분은 하나님이십니다. 그렇다면 하나님이 이루실 성취에만 감사할 것이 아니라 그 약속 자체로 감사하십시오. 하나님은 이 약속을 주셔서 자신을 보증으로 삼아 우리에게 주셨습니다. 하나님과 그의 신실하심을 즐거워하십시오. 어떤 의문들이 당신을 뒷걸음치지 못하게 하십시오. 당신의 마음을 하나님이 하시고자 원하는 일에 고정시키고, 그 축복을 반드시 내려주셔야 할 그 분께만 집중하십시오. 그 결과는 확실할 것이며, 영광스러울 것입니다.

••• 성령으로 더욱 충만해짐 •••

교회 안에 있는 많은 그리스도인들이 현재의 상태에 만족하고 있는 것은 슬픈 일입니다. 그들은 성령의 능력이 지니는 실제를 추구하는 것이 무엇인지에 관해 알아가는 것을 원하지 않습니다. 지금 가지고 있는 순수한 교리만을 말합니다. 지금 선포되어진 진지한 설교만 말합니다. 종교적인 사역이나 구제 사역을 유지할 수 있게 하는 관대한 헌금에 대해서만 말합니다. 또 선교나 교육에서 드러난 많은 관심사들에 관해 이야기합니다. 그리고 주변에서 보이는 선한 일들만으로 하나님께 감사하는 것이 좋다고 말합니다. 이러한 사람들은 라오디게아교회에 보낸 편지를 정죄하고, 라오디게아교회에 속한 이들은 부족한 것이 전혀 없는 부요한 부자였다고 말해야 할 것입니다.

이러한 사람들의 말을 들어 보면, 라오디게아교회의 영에는 어떤 흔적들이 있다고 합니다. 즉 성령으로 충만하라는 명령을 무시했고, 성령으로 예언하고, "생기야 이 사방에서부터 와서 이 사망을 당한 자에게 불어서 살게 하라"(겔 37:9)는 명령을 잊었다는 것을 그 흔적으로 제시합니다. 당신이 이러한 지적을 한다면, 라오디게아교회 성도들은 그 지적이 틀렸다고 할 것입니다. 그들은 당신이 의도하는 말이 무슨 뜻인지조차 이해하지 못할 것입니다. 그들은 성령님을 믿으면서도 스스로 교회에 성령님이 더욱 필요하다는 사실을 인정하지 못하기 때문입니다.

교회에 성령이 더 필요하다는 당신의 말에 동의하는 사람들도 있을 것입니다. 그러나 그들 역시 당신에게 크게 동조하지 않을 것입니다. 그들도 종종 이 문제를 두고 기도했지만, 별로 유익을 얻지 못했던 사람들이어서 그렇습니다. 그들은 성령님과 관련된 실제적인 경험을 하지 못했기 때문에 그들이 초대교회를 살펴보더라도 오늘날의 교회와 당시의 교회가 크게 다르지 않다고 말할 것입니다.

이러한 사람들은 또 가나안 정탐을 위해 파견되었던 10명의 정탐꾼에 속한 세대입니다. 그들이 바라본 땅은 참으로 영광스러웠지만, 그 땅에 거하던 적들은 너무나 강해 보였습니다. 그들은 적을 정복할 수 없을 정도로 약했습니다. 거룩이 부족했으며, 그들 속에 있는 불신앙의 뿌리였던 가진 것을 포기하려 하지 않는 마음이 그들을 무력하게 만들었습니다. 그러나 갈렙은 "우리가 곧 올라가서 그 땅을 취하자 능히 이기리라"(민 13:30)고 외치며 믿음과 용기를 보였습니다.

당신이 성령으로 충만하기를 원한다면, 이러한 논쟁 때문에 뒤로 물러서지 않아야 합니다. 오직 믿음으로 나아가고, 전능하신 하나님의 능력 안에서 강해지십시오. "하나님이 하실 수 있을까?"라고 말하지 마십시오. 오히려 "하나님은 하실 수 있다."고 말하십시오. 그리스도를 죽은 자 가운데서 일으키신 하나님은 지금도 자기 백성들의 전능자이십니다. 하나님은 그의 신적 생명을 당신의 마음에 강력하게 계시하실 수 있습니다.

아브라함에게 말씀하신 하나님의 음성을 당신에게 하신 말씀으로 들으십시오. "나는 전능한 하나님이라 너는 내 앞에서 행하여 완전하라"(창 17:1). 당신의 마음을 하나님이 이루시겠다고 말씀하신 것에 붙잡아 두십시오. 전능하신 하나님은 자신이 이루겠다는 약속을 반드시 성취시키실 것입니다.

아버지께 성령님을 통해 당신에게 능력을 주시도록 기도하십시오. 우리의 생각하는 것이나 간구하는 것에 넘치도록 능히 하실 분에게 예배하고, 그에게 영광을 돌리십시오.

전능하신 하나님을 믿는 믿음으로 당신의 영혼을 채우십시오. 아무리 어렵고, 아무리 불합리하고, 아무리 불가능하게 보여도 하나님은 당신을 하나님의 영으로 충만하게 하실 수 있다는 온전한 확신을 가지십시오.

••• 그가 당신 안에서 이루실 것입니다 •••

어떠한 사람이 성령 충만한 축복을 받기 위해 기도를 하다보면, 그동안 신앙생활을 하면서 있었던 여러 가지 일들이 떠오를 것입니다. 자신이 체험했던 하나님의 은혜와 성령님의 지속적인 인도의 역사가 생각나고, 그동안의 모든 기도와 노력, 과거에 온전히 복종하려했던 시도들이 생각날 것입니다. 그리고 자신의 믿음의 분량에 대해서 생각해보고, 현재의 자신을 살펴보게 됩니다. 그러다가 자신의 죄와 불성실, 무력함 등이 떠오르면서 낙심에 빠지게 됩니다. 수 년 간 신앙생활을 하면서 크게 나아진 것이 거의 없습니다. 과거는 온통 실패와 불성실을 증언할 뿐입니다.

이러한 사실에 비추어 그가 이전에 했던 기도와 가졌던 믿음으로 아주 작은 진보만 이루었다고 가정합시다. 이러한 그가 어떻게 모든 것이 한 번에 변화하리라는 무모한 기대를 할 수 있겠습니까?

그는 성령으로 충만한 사람의 삶을 그림으로 그립니다. 그리고 그 옆에 지금까지 알고 있는 자신의 삶에 관한 그림을 그려 세웁니다. 그리고 스스로 성령으로 충만한 사람의 삶을 사는 것이 불가능하다고 상상합니다. 성령으로 충만한 사람의 삶이 자신에게 맞지 않는다고 생각한 그는 다시 노력할 용기조차 잃어버립니다.

그리스도인들이여, 당신에게 어떠한 수많은 생각들이 꼬리를 물고 밀려온다면, 오직 한 가지 말씀만을 들으십시오. "오직 믿기만 하라." 구하는 자에게 성령 주기를 간절히 원하시는 하나님 아버지의 팔에 당신을 던지십시오. 오직 믿고, 하나님의 사랑에 의지하십시오. 하나님께서는 우리의 헌신이나 복종하려는 모든 노력, 모든 정직성 같은 것들 때문에 역사하시거나 축복하시는 분이 아닙니다. 당신 속에 있는 이러한 것들로는 결코 그렇게 할 수 없습니다.

하나님께서 당신을 축복하기 원하신다면, 하나님은 당신 속에서 모든 것들을 이루실 것입니다. 하나님은 사랑하는 아들이 온전히 건강하며 행복한 삶을 사는 것을 보기 원하는 아버지처럼 당신을 보십니다. 하나님의 자녀인 당신에게 필요한 것은 오직 한 가지, 성령으로 충만한 것뿐입니다. 예수님은 자신의 피로 당신이 이 사랑을 충분히 누릴 수 있도록 길을 여셨습니다.

이 사랑 속에 들어가 그 안에 거하십시오. 태양이 당신의 몸을 비춰 따뜻하게 만들어주는 것처럼, 믿음으로 사랑의 빛이 당신과 그 주변을 비추고 있다는 것을 인식하십시오. 이 사랑을 신뢰하십시오. 이 사랑이 존재한다는 사실만을 신뢰하라는 말이 아닙니다. 이 사랑이 당신을 온전히 채우기를 강렬히 원한다는 것을 신뢰하라는 것입니다. 아버지의 사랑이 당신을 아버지의 영으로 충만히 채우시길 소원하며 기다리십시오. 아버지 자신이 당신을 위해 이것을 행하실 것입니다.

하나님께서 당신에게 원하시는 것은 무엇일까요? 아버지에게 온전히 당신을 의탁하는 것뿐입니다. 그 어떠한 가치도 없고, 아무 것도 아니며, 무력한 상태가 되어 아버지가 당신 안에서 일하실 수 있도록 온전히 의탁하십시오. 하나님이 모든 준비 과정을 책임지실 것이고, 성령으로 당신을 도우실 것입니다. 그가 당신의 속사람을 조용하고 비밀스럽게, 그러면서도 능력으로 강하게 하실 것입니다. 그러면 당신은 이 보화를 얻기 위해 버려야 할 모든 것을 버릴 수 있게 될 것입니다. 그가 당신에게 특별히 성별된 믿음을 주셔서 말씀 안에서 안식하며 기다리게 도우실 것입니다. 그분이 당신의 미래를 책임지실 것입니다. 당신이 이 충만한 축복에 거할 수 있도록 하나님이 적절한 준비를 하실 것입니다.

당신은 성령으로 충만한 사람이 어떠한 사람인지 예상해보았을 것입니다. 아마도 대단한 사람이라고 생각하고 있을 것입니다. 그러다보니 스스로는 그런 자가 될 가능성이 거의 없다고 생각할지 모릅니다. 아니면, 성령 충만한 삶에 관한 정리된 생각조차 없어서 생소한 일을 향해 달려가기를 주저할지도 모릅니다. 그리스도인들이여, 이제 이러한 생각들을 모두 버리십시오. 오직 성령님만이 당신 안에서 그것을 가르치실 것입니다. 그분이 당신에게 성령 충만한 삶이 무엇인지 알게 하시고, 또 그러한 삶을 살 수 있도록 인도하실 것입니다. 하나님께서 당신을 성령으로 충만하게 하는 책임을 지실 것입니다. 성령은 당신이 운반하고 보관해야만 하는 보화가 아닙니다. 성령은 당신을 이끌어 주시며 지켜주는 능력입니다. 그저 믿기만 하십시오. 아버지의 사랑을 의지하십시오.

주님은 이 축복과 성령의 능력에 대한 약속으로 항상 하나님 아버지를 가르치셨습니다. 주님은 이렇게 말씀하십니다. "내 아버지의 약속하신 것을"(눅 24:49). 또한 주님은 하나님이 신실하신 것을 가르치십니다. "또 약속하신 이는 미쁘시니"(히 10:23). 주님은 우리에게 하나님의 능력을 가르쳤습니다. 성령은 위로부터 온 능력이며, 하나님 자신으로부터 온 능력입니다(행 1:8 참조). 주님은 우리에게 하나님의 사랑을 가르치셨습니다. 그 사랑은 아버지가 자기 자녀들에게 주는 것처럼, 하나님이 우리에게 주시는 것이기 때문입니다.

이 축복에 대한 모든 생각과 모든 소망들이 우리를 하나님께로 인도하게 해야 합니다. 이 축복은 하나님이 행하셔야만 하는 것이고, 하나님이 주셔야만 하는 것이고, 하나님이 역사하셔야만 하는 것입니다. 잠잠히 경배하는 자세로 우리 마음을 하나님께로 향하게 합시다. 기쁘게 하나님을 신뢰합시다. 하나님은 우리의 기도하는 것이나 생각하는 것에 넘치도록 하실 수 있습니다.

하나님의 사랑은 기꺼이 이 충만한 축복을 우리에게 부으실 것입니다. 하나님은 성령으로 당신을 채우실 것입니다. 겸손하게 이렇게 고백하십시오.

"여기에 주님의 종이 있습니다. 당신의 눈에 선하신 대로 종에게 행하시옵소서. 당신이 말씀하신 대로 종에게 이루어지게 하옵소서." 당신을 부르신 하나님은 신실하시며, 그분은 그것을 이루실 것입니다.

영적 탁월함을 추구하며

> 우리 조용히 경배하며, 우리 마음을 하나님께 고정합시다.
> 기쁘게 하나님을 신뢰합시다. 하나님은 우리가 구하는 것과
> 생각하는 것에 넘치도록 하실 수 있습니다.

CHAPTER

11

축복, 어디에 있을까요?

"맑은 물을 너희에게 뿌려서 너희로 정결하게 하되 곧 너희 모든 더러운 것에서와 모든 우상 숭배에서 너희를 정결하게 할 것이며 또 새 영을 너희 속에 두고 새 마음을 너희에게 주되 너희 육신에서 굳은 마음을 제거하고 부드러운 마음을 줄 것이며 또 내 영을 너희 속에 두어 너희로 내 율례를 행하게 하리니 너희가 내 규례를 지켜 행할지라."

에스겔 36:25~27

오순절의 충만한 축복은 하나님의 모든 자녀들을 위한 것입니다. "무릇 하나님의 영으로 인도함을 받는 그들은 곧 하나님의 아들이라"(롬 8:14). 하나님은 어떤 자녀들에게도 반쪽짜리 축복을 주시지 않습니다. 하나님은 자녀 한 사람 한 사람에게 이렇게 말씀하십니다. "내 아들아, 너는 항상 나와 함께 있으니 내 것이 다 네 것이로다"(눅 15:31). 그리스도는 나눠져 있는 것이 아닙니다. 예수

님을 영접하는 자는 그의 모든 충만함을 받아들이는 것입니다. 사실상 모든 그리스도인들은 성령으로 충만하게 되라는 운명으로 하나님의 부르심을 받았습니다.

이전까지의 장에서, 저는 성령의 역사에 관해 어느 정도 지식이 있고, 또 이 진리를 찾고 있는 사람들을 생각하며 썼습니다. 이러한 사람들은 회심 이후에 죄를 철저히 버렸고, 스스로를 온전히 주님께 내어드리는 인도를 받아왔습니다.

그렇지만, 저는 지금 이 글을 읽는 독자들 중에 오순절의 충만한 복에 대해 전혀 들어본 적도 없는 그리스도인이 있을 가능성이 있다고 생각합니다. 그리고 이러한 분들이 이 글을 읽으면서 축복의 은혜를 받으려는 소원이 강해졌을 수도 있습니다. 그러나 이러한 분들은 그 소원을 이루기 위해 어디서부터 시작해야 하는지를 모릅니다. 또 그 소원을 이루기 위해 무엇을 해야 하는지도 모릅니다. 그래서 누군가가 정확히 가르쳐 주기를 바랄 것입니다.

이들은 자신들의 삶이 죄로 가득하다는 것을 마음으로 인정하고 있습니다. 그래서 성령 충만을 얻기 전에 참된 노력을 오랜 시간 많이 해야 할 것이라고 생각합니다.

저는 이러한 사람들에게 신선한 용기를 불어넣어, 이렇게 말씀하신 하나님께로 이끌고 싶습니다. "때가 되면 나 여호와가 속히 이루리라"(사 60:22). 저는 기꺼이 그들을 하나님이 축복하실 곳으로 인도하고 싶습니다. 그리고 하나님의 말씀으로 그들이 이 축복을 받기 위해 필요한 마음 자세를 알게 하려고 합니다.

• • • 죄를 버리는 것 • • •

에스겔서를 보면, 처음에 하나님은 "내가 너희를 정결케 할 것"이라고 약속하셨고, 그 다음에 "내 신을 너희 속에 두리라"고 하셨습니다. 어떤 귀한 것을 담으려면, 먼저 그 그릇이 깨끗해져야 합니다. 마찬가지로 하나님께서 내 안에 새롭고 충만한 것을 채우시려면, 그 전에 우선 새롭게 씻어야만 합니다.

회심하는 순간에 당신은 이미 죄를 고백했고, 죄로부터 돌아섰습니다. 회심한 당신은 죄와 전쟁을 벌였지만, 이기지 못했습니다. 왜냐하면, 하나님이 원하시는 정결과 거룩을 당신이 온전히 이해하지 못했기 때문입니다.

새로운 정결은 새로운 고백과 분명한 죄의 지적으로부터 옵니다. 오래된 누룩을 먼저 찾아내지 않으면 제거할 수 없는 것과 같은 이치입니다. 그저 "나의 삶이 죄로 가득한 삶이라는 것을 잘 압니다"라고 고백하는 것만으로는 충분하지 않습니다.

그리스도인으로서 당신의 삶이 하나님의 최고의 목적과 일치하는 삶이었는지 묵상하며 살펴보십시오. 그 안에 얼마나 많은 교만, 자기 추구, 세속적인 것, 자기 고집 그리고 불결한 것이 있습니까? 과연 이러한 마음이 성령 충만을 받을 수 있겠습니까? 이것은 불가능합니다.

당신의 가정생활을 살펴보십시오. 급한 성질, 자신에 대한 염려, 쓴 마음, 경박하고 부적절한 말들이 얼마나 정결치 못한 것을 드러냅니까?

현재의 교회 생활도 살펴보십시오. 진정한 겸손의 영 없이 단순히 지적이고, 형식적이고, 사람을 기쁘게 하려는 종교적인 일들이 얼마나 많습니까? 이러한 태도와 행동에는 신령과 진정으로 예배하는데 꼭 필요한, 살아계신 하나님에 대한 갈망, 예수님에 대한 진정한 사랑, 말씀에 대한 순복이 결여되어 있습니다.

당신의 일반적인 태도와 행동을 살펴보십시오. 당신을 주목해온 주변 사람들이 당신의 정직성과 속된 세상으로부터의 자유에 대해 이야기 할 때, 자신이 죄로부터 정결함을 입은 사람이라고 할 것인가 아닌가를 생각해보십시오. 이것을 하나님이 당신으로부터 기대하시는 것과 당신 안에서 일하기 원하시는 기대의 빛에 낱낱이 투영해보십시오. 그렇게 해서 하나님이 이 충만한 복을 주시기 전에 죄 씻음을 받아야만 할 죄인이요, 소망 없는 영혼인 것을 발견하십시오.

• • • 우리의 힘으로가 아닙니다 • • •

이러한 발견의 다음 단계는 부정한 모든 것을 실질적으로 멀리하고 떨쳐내는 것입니다. 이것은 우리가 분명히 해야 할 일들입니다. 하나님 앞에 죄를 가지고 나오십시오. 특히, 당신을 가장 질기게 물고 늘어지는 죄들을 가지고 나아와야 합니다. 당신은 하나님 앞에서 그것들을 고백하고 단호히 버려야 합니다.

당신의 삶이 죄로 가득한 부끄러운 삶이라는 확신에 찬 자각이 있어야 합니다. 당신은 연약하고, 또 대다수 그리스도인들이 당신보다 나은 게 없다는 생각으로 위안해서는 안 됩니다. 진지하게, 앞으로 당신의 삶이 완전한 변화로 나아갈 것을 확신해야 합니다. 아직도 붙잡고 있는 죄를 꼭 버려야 합니다. 당신 스스로 이러한 죄로부터 돌이키거나, 버릴 능력이 없다고 말할지도 모릅니다.

저는 당신이 그렇게 할 수 있다고 말하고 싶습니다. 당신은 이 죄들을 하나님께 가져 올 수는 있습니다. 예를 들어, 어떠한 집에 옮겨야 할 무거운 짐이 있다고 합시다. 그러나 집주인 혼자 힘으로 옮기기는 불가능했습니다. 그래서 그는 짐을 옮길 수 있는 사람들을 불렀습니다. 그들이 오자, 주인은 "자, 이것을 옮겨주세요"라고 했습니다. 그들이 짐을 옮겨갔습니다. 그제야 집주인은 짐을 옮겼다고 말할 수 있습니다.

이 예처럼, 당신 스스로 다루기에 무력감을 느끼는 죄들을 하나님께 드릴 수 있습니다. 또 그 죄를 하나님이 원하시는 대로 다루시도록 드릴 수 있습니다. 그럴 때, 하나님은 자신의 약속을 이루실 것입니다. "나는 너를 더럽게 하는 모든 것으로부터 정결케 할 것이다."

여기에서 당신과 주님 사이에 관계에 대해 확실하게 이해해야 합니다. 당신은 죄를 고백하고, 그 죄와 영원한 작별을 고해야 합니다. 그리고 주님이 당신의 마음과 생명을 주장하고 받으셨기에, 죄에 대해 온전히 승리할 수 있다는 확신을 주실 때까지 기다리십시오.

● ● ● 그리스도를 경험함 ● ● ●

당신이 회심했을 때 당신의 죄에 대한 이해가 피상적이라면, 예수님에 대한 이해 역시 피상적일 수밖에 없습니다. 주님을 구주로 영접한 우리 믿음의 진보는 죄에 대한 이해의 깊이나 넓이를 벗어날 수 없는 것입니다. 회심 이후로, 당신 안에 자리한 흔들리지 않는 죄의 능력을 알고 있다면, 당신은 하나님의 계시로 지금 내면으로부터 흔들리지 않는, 주 예수의 능력을 받을 준비가 된 것입니다. 이 사실은 이전까지 전혀 알지 못했던 놀라운 일입니다.

진정으로 죄로부터 완전한 구원과 하나님께 대한 온전한 순종을 갈망한다면, 하나님은 당신에게 주 예수를 온전한 구원자로 나타내실 것입니다. 하나님은 비록 당신의 육신이 악을 행하려는 죄의 성향을 지니고 있더라도, 주 예수께서 당신 마음에 충만하게 계셔서 육신의 힘을 통제하실 수 있다는 것을 깨닫도록 도우십니다. 그럴 때 당신은 더는 육신의 소욕을 따르지 않을 수 있게 됩니다.

하나님은 예수 그리스도를 통해 당신의 모든 불의를 정결하게 하실 것입니다. 그래서 당신이 매일매일 깨끗한 마음으로 하나님 앞에서 행할 수 있게 됩니다. 당신에게 필요한 것은 주님이 이 변화를 간절히 원하신다는 것을 깨닫는 것뿐입니다. 당신은 믿음으로 이것을 즉시 경험할 수 있습니다.

이것이 예수 그리스도께서 성령을 통해 당신 안에서 행하시려는 것입니다. 그리스도는 죄를 제거하기 위해 오셨습니다. 죄의식과 죄의 형벌뿐만 아니라, 죄 자체를 제거하러 오셨습니다. 그리스도는 당신에게서 율법의 권세와 지배와 저주를 제거하셨습니다. 동시에 그리스도는 죄의 지배와 능력도 제거하시고, 그것을 완전히 깨어버리셨습니다. 그리스도가 당신의 거듭난 영혼을 죄의 능력에서 구출하신 것입니다. 하늘의 권세와 모든 충만한 임재로 그의 구속 사역을 당신 안에서 완성해 가십니다.

이 능력으로 그리스도는 당신 안에 사시며, 당신 안에서 사역을 수행하십니다. 내주하시는 그리스도는 당신 안에서 구속 사역을 유지하고 드러내는 일에 온전히 헌신하십니다. 그는 당신이 고백한 죄들 - 교만, 사랑 없음, 세속적인 생각 그리고 불결함 - 을 그의 능력으로 당신의 마음에서 제거하실 것입니다.

비록 육신이 당신을 유혹하겠지만, 당신 마음의 기쁨과 초점은 주님과 하나님을 향한 순종에 맞추어져야 합니다. 그럴 때 당신은 당신을 사랑하시는 그리스도로 말미암아 넉넉히 승리할 것입니다(롬 8:37). 내주하시는 그리스도, 그분은 당신 안에 있는 죄를 이기고 승리하실 것입니다.

예수님께서 죄를 도말하신다는 이 진리를 영혼이 깨닫게 될 때, 주님께 영혼의 문을 열어 그분을 마음의 주와 왕으로 기꺼이 영접할 것입니다. 그렇습니다. 이 일은 한 순간에 되어 질 수 있습니다. 20년 간 꼭 닫혀 있던 집도 문과 창문들이 열어젖히면, 빛들이 한 순간에 집안으로 몰려듭니다. 마찬가지로, 죄에 대한 승리를 예수님 손으로 책임지신다는 진리를 몰라 20년을 무력하게 지내온 마음일지라도, 한 순간에 이 모든 변화를 경험할 수 있게 됩니다.

나의 죄로 물든 상태를 깨닫고 주님께 항복하며 주께서 이 일을 행하실 것을 신뢰하십시오. 그러면 예수님께서 나의 모든 문제들을 주님의 손으로 책임지셨고, 또 이 일이 되어졌다는 것을 확실히 믿을 수 있게 될 것입니다. 이것은 절대 놓쳐서는 안 되는 믿음의 행위입니다. 문과 창문들을 열어젖히면, 몰려드는 빛이 어두움을 쫓아냅니다. 그러면 우리는 즉시 그 집에 얼마나 많은 먼지와 쓰레기가 있는지를 알 수 있게 됩니다. 그리고 이 먼지와 쓰레기들을 제거하기 위해서는 계속 빛이 비춰져야 합니다.

우리가 그리스도를 마음에 영접했다고 해서 모든 것이 완전해지는 것은 아닙니다. 그렇기 때문에 빛과 기쁨이 곧바로 보이고 느껴지지는 않습니다. 그러나 영혼은 믿음으로 약속하신 분이 신실하시고, 말씀을 지키실 것이며, 그분은 그 사역을 완벽히 성취하실 것을 압니다. 이 순간에 그동안 해답을 추구하며 갈등하던 믿음은 주님과 그의 말씀 안에서 안식하게 됩니다.

믿음으로 시작된 일은 오직 믿음으로만 계속 전진할 수 있습니다. 믿음은 이렇게 말합니다. "나는 주 안에 거합니다. 나는 주님이 내 안에 거하시고, 나에게 자신을 계시하실 것을 압니다." 예수님께서 문둥병자를 말씀으로 고치신 것처럼, 우리도 그의 말씀으로 정결하게 하십니다. 믿음으로 이 진리를 굳게 잡고 있는 사람들은 그 증거를 보게 될 것입니다.

••• 당신의 영혼을 준비하기 •••

주님은 "내가 너를 정결케 하겠다"는 약속을 먼저 주셨습니다. 그 다음으로 "내 신을 너희 속에 두겠다"는 약속을 주셨습니다. 완전하고 특별한, 정결하게 하는 것이 선행되지 않고는, 성령께서 능력으로 그 마음을 채우고 또 그 안에 계속 거하실 수 없습니다.

성령과 죄는 절대적인 전쟁 중에 있습니다. 성령이 교회에 미미한 수준으로 계신 이유는 바로 죄 때문입니다. 사람들은 죄를 충분히 인식하지 못했고, 두려워하지도 않게 되었고, 쫓아내지도 못했습니다. 사람들은 죄를 정결하게 하는 그리스도의 역사를 믿지 않습니다. 그래서 성령으로 세례를 주시는 그리스도의 사역이 이루어지지 않고 있는 것입니다.

성령은 그리스도로부터 나오고, 그리스도에게로 다시 돌아갑니다. 그리스도를 자유롭게 초청하는 그 마음을 주장하게 하는 자는 성령의 충만한 복을 유업으로 받을 것입니다.

당신이 이제까지 제안한 것을 행해서 주님이 당신을 정결하게 하시는 분으로 믿었다면, 반드시 그 말씀을 하나님께서 이루실 것이라고 확신해도 됩니다. "나는 너를 정결케 하고 내 신을 네 속에 두리라." 당신을 정결하게 하시는 주님을 단단히 잡으십시오. 주님이 당신 안에서 모든 것이 되게 하십시오. 하나님은 이것을 보시고 당신이 성령으로 충만해 있다고 인정하실 것입니다.

주님께 온전히 항복한 이후, 당신 마음에 느끼고 싶었던 것이 즉시 느껴지지 않는다고 놀랄 이유는 없습니다. 평안한 마음으로 쉬십시오. 당신이 자신을 그리스도로 말미암아 정결하게 된 그릇으로, 또 성령으로 충만해지기 위해 하나님 앞에 드렸다면, 당신의 말을 온전히 받으신 하나님은 "성령을 받으라"(요 20:22)고 말씀하실 것입니다. 그분은 이전보다 더 영광스럽게 성령을 계시하실 것입니다.

그리고 성령을 보내신 목적을 기억하십시오. 하나님은 당신 속에 성령을 주셔서, 당신이 하나님의 율례를 행하고 하나님의 율법을 지키기를 원하십니다. 성령 충만을 구하고, 분명한 목적으로 성령 충만을 받으십시오. 단순하고 분명하게 하나님의 뜻대로 살고, 하나님의 일을 이 땅에 성취하기 위한 목적으로 사십시오. 그렇습니다. 당신은 주 예수님처럼 살 수 있고, 주님과 함께 이렇게 말할 수 있습니다. "하나님, 내가 하나님의 뜻을 행하러 왔나이다"(히 10:7).

당신이 이러한 자세를 개발하면, 성령 충만을 기대할 수 있습니다. 충만한 용기를 가지고 하나님의 율례를 따라 행하며, 율법을 지키도록 최선을 다하십시오. 그러면 하나님께서 자신의 약속을 지키실 것이며, 당신 속에서 하나님의 일을 감당할 수 있는 힘을 주실 것입니다. 살아계신 하나님께서 당신 속에서 그 일을 이루실 것입니다. 심지어 성령이 당신 안에 어떻게 거하시는지 깨닫기 전에도 그분은 당신에게 성령 충만한 복을 경험하도록 하실 것입니다.

성령 충만한 복을 경험하지 못한 채 오랫동안 소원해 왔습니까? 그 소원을 확실하게 이룰 수 있는 방법이 있습니다. 그리스도인으로서 죄에 빠진 상태를 인식하고, 하나님께 항복해서 단 번에 그것을 버리십시오. 예수님은 당신 마음을 죄로부터 깨끗하게 하실 것이며, 또 그것을 준비하고 계신 것을 인식하십시오. 주님이 당신 안에 들어오셔서 이 죄들을 정복하시고 당신을 자유롭게 하실 수 있는 것을 믿으십시오.

지금, 주님을 당신의 주로 모시고, 영원히 그분을 주님으로 인정하십시오. 주님이 이 일을 이루실 것을 확실히 믿어도 됩니다. 주님이 지금 당신 안에서 이 일을 시작하시게 하십시오.

영적 탁월함을 추구하며

> 성령 충만을 간절히 추구하고,
> 성령의 충만한 복을 넘치게 받아,
> 이 땅에서 하나님의 뜻과 사역을 이루게 하소서.

CHAPTER

12

비밀을 여는 열쇠

"만물을 그에게 복종하게 하실 때에는 아들 자신도 그 때에 만물을 자기에게 복종하게
하신 이에게 복종하게 되리니 이는 하나님이 만유의 주로서 만유 안에 계시려 하심이라.
믿는 자에게는 능히 하지 못할 일이 없느니라 하시니."
고린도전서 15:28, 마가복음 9:23

우리가 완전한 항복을 이야기할 때, 종종 이러한 질문을 합니다. 우리에게 익숙한 전통적인 거룩의 교리와 요즈음 교회의 강단에서 흔히 들려지기 시작한 은혜의 교리 사이에 정확한 차이는 무엇입니까? 그 차이가 바로 작은 한 단어, "모든 것"(All)에 담겨 있습니다. 이 단어가 비밀의 열쇠입니다. 보편적으로 거룩의 필

요를 설교하는 방법은 거의 옳습니다. 그러나 이 "모든 것"이라는 단어에는 충분한 강조가 부족합니다.

왜 성령 충만이 좀 더 널리 누려지지 못하는 것입니까? 이 작은 단어, "모든 것"이 그 해답입니다. 우리가 하나님의 "모든 것", 죄의 "모든 것", 그리스도의 "모든 것", 순종의 "모든 것", 성령의 "모든 것", 믿음의 "모든 것"을 이해하지 못하는 한, 우리 영혼은 하나님이 원하시는 상태의 "모든 것"을 충분하게 누릴 수 없습니다.

오순절의 충만한 복을 이러한 관점에서 생각해 보기로 합시다. 겸손히 하나님을 기다리는 마음으로, 또 하나님이 그의 성령으로 어디에 악이 누워 있고, 무엇이 그 치료방법인지 깨닫도록 우리를 도우실 것이라는 기도의 마음으로 이 일을 생각해야 합니다. 그러면, 우리의 마음은 하나님의 모든 것을 받기 위해 다른 모든 것을 포기할 준비가 될 것입니다.

◦ ◦ ◦ 하나님의 모든 것 ◦ ◦ ◦

이 문제에 대한 답은 하나님의 본성과 그의 존재 자체에 있습니다. 하나님은 모든 것의 근원입니다. 모든 것이 그로부터 나오고, 그를 통해서 있고, 그를 위해서 만물이 존재합니다.

하나님은 모든 것의 생명입니다. 존재하는 모든 것은 하나님의 능력과 지혜와 선함을 드러내는 한 방법입니다. 그리고 이것은 지금도 진행되고 있는 하나님의 사역과 주권을 계시합니다.

죄는 다른 것이 아니라 "하나님이 모든 것이 되시도록 허용하지 않고, 사람이 스스로 어떠한 존재가 되려고 결정하는 것"입니다. 예수 그리스도의 구속은 하나님께서 다시 우리 마음과 삶에 모든 것이 되시도록 하는 것 이상을 목표로 하지 않습니다.

마지막에는 아들 자신도 하나님께 복종하게 되어 하나님이 만유의 주가 되게 하십니다. 구원은 바로 이러한 사실을 확실히 하는 것 그 이상도 그 이하도 아닙니다.

그리스도는 자신의 삶을 통해 그 자신은 아무 것도 아니며, 하나님이 모든 것 되시는 삶이 무엇인지를 보여 주셨습니다. 그리스도가 한 때 세상에서 사셨던 것처럼, 지금도 그 분은 자기 백성들의 마음속에 사십니다. 하나님이 모든 것이라는 진리를 깨닫는 수준만큼 성령 충만한 축복도 사람들의 삶 속으로 들어갈 길을 발견할 것입니다.

하나님의 모든 충만은 우리가 반드시 구해야 할 것입니다. 그의 뜻과 그의 명예와 그의 능력 안에서, 하나님은 우리의 모든 것이어야 합니다. 하나님의 능력과 영광과 뜻을 드러내는 것이 아니라면, 우리의 그 어떠한 순간도, 우리 입술의 그 어떠한 말도, 우리 마음의 그 어떠한 뜻도 의미가 없을 것이며, 우리 육신의 삶을 충족시킬만한 그 어떠한 만족도 없을 것입니다.

오직 이 진리를 이해하고 받아들이는 사람만이, 성령 충만함이 가져오는 것이 무엇인지를 확실히 알게 됩니다. 그리고 우리가 성령 충만을 받기 원하면, 왜 모든 것을 꼭 포기해야만 하는지도 깨닫게 됩니다. 우리에게 있어서 하나님은 그 어떠한 것의 하나가 아니라, 반드시 모든 것이어야 합니다.

◦ ◦ ◦ 모든 죄 ◦ ◦ ◦

무엇이 죄입니까? 그것은 하나님이 없거나 하나님과 분리된 것입니다. 하나님의 뜻과 하나님의 명예와 하나님의 사역이 나타나지 않고, 사람들의 뜻과 사람들의 명예와 사람들의 능력이 이끄는 곳에는 죄가 역사합니다. 죄는 하나님으로부터 돌아서서 피조물로 향하게 해서 비참한 것이고, 이것은 곧 죽음과

도 같습니다.

죄라는 것은 사람 속에 다른 선한 것들과 함께 존재할 수 있는 어떠한 것이 아닙니다. 과거에 하나님이 모든 것이었던 것처럼, 죄는 지금 타락한 인간 속의 모든 것입니다. 창조 때는 하나님이 그렇게 하시도록 허용해야만 모든 것이 되었습니다. 그러나 지금은 죄가 인간의 전 존재를 지배하며 관통하고 있습니다. 인간 본성 전체가 속속히 타락했습니다. 우리는 아직도 하나님 안에 자연스럽게 존재하고 있지만, 모든 것이 죄 안에 있으며 죄의 영향력 아래 있습니다.

죄의 모든 것 : 하나님께로 돌아서는 회심의 순간, 이러한 우리의 죄성에 대한 이해는 반드시 필요합니다. 하지만 대부분 그 죄에 대한 이해가 충분하지 못하여 불완전합니다. 어떠한 그리스도인이 신앙의 진보를 이루어 성령으로 충만해야 할 필요를 온전히 확신하게 되려면, 그의 눈은 죄가 그의 내부의 모든 것을 지배하고 있다는 사실을 볼 수 있어야 합니다.

그의 모든 것은 죄에 감염되어 있습니다. 그렇기 때문에 성령을 통해 하나님의 전능하신 손으로 모든 것이 갱신되어야 합니다. 최고의 선을 행한다는 관점에서 그는 완전히 무기력합니다. 오직 성령이 그의 안에서 실제로 역사하는 순간에만 선한 일을 할 수 있습니다. 그는 주변 세상을 분명히 보는 것처럼, 죄의 모든 것을 보는 법을 배워야 합니다. 그 다음에 모든 죄들이 죽음에 이를 때까지 자신을 희생해야 합니다.

하나님의 모든 것으로 죄의 모든 것을 몰아내야 합니다. 하나님은 우리 안에서 온전하게 다시 사셔야 하며, 죄가 불법으로 점거했던 자리를 지속적으로 차지하셔야 합니다.

이러한 변화를 원하는 사람들은 성령 충만을 진정으로 이해하며 소원할 것입니다. 그리고 그들이 믿고 소원하기에, 분명히 그것을 받게 될 것입니다.

• • • 그리스도의 모든 것 • • •

아들은 아버지를 계시하시는 분입니다. 우리는 하나님의 모든 것이 아들을 통해 계시되었고, 그 아들 안에서 그것을 찾아볼 수 있습니다. 그렇기 때문에 그리스도의 모든 것은 하나님의 모든 것과 동일하며 무한합니다. 그리스도는 죄의 모든 것을 도말하시기 위해 이 땅에 오신 하나님이십니다. 그리고 사람들이 잃어버린 하나님의 모든 것을 회복시키러 오신 분입니다. 그래서 우리는 그리스도의 모든 것을 철저하게 알아야 합니다.

예수를 믿는 대다수 제자들은 그리스도의 모든 것에 대해 예수 홀로 죄의 속죄와 용서에 관한 모든 일을 이루시는 것이라고 생각합니다. 이 자체가 분명 그리스도가 이루어 가시는 구속 사역의 영광스러운 시작이지만, 아직은 시작 수준에 불과합니다. 그 안에서 하나님은 우리가 필요한 모든 것 -생명과 은혜- 을 전부 주셨습니다.

그리스도 자신은 우리의 생명과 힘이 되기를 소원하십니다. 우리 마음에 거하시고, 우리 마음을 생명으로 채우시고, 하나님의 임재 앞에서 마땅히 되어야 할 마음으로 만들기를 원하십니다. 그리스도의 모든 것을 아는 것과 그리스도가 우리의 모든 것이 되기 위해 어떠한 준비를 하셨는지를 아는 것이 진정한 성화의 비밀입니다. 이 원칙 속에 있는 하나님의 뜻을 인식하고 있는 사람들과 이 원칙이 자신들의 삶에서 적용되도록 허용하는 사람들은 오순절의 충만한 복으로 가는 길을 발견한 것입니다.

그리스도는 모든 것입니다. 이 진리를 겸손과 기쁨으로 감사드리며 인식하십시오. 하나님께서 주 안에서 모든 것을 주신 것을 깨달으십시오. 그리스도가 모든 것이고, 당신 안에서 모든 것을 온전히 이루실 것이라는 약속을 확신으로 받아들이십시오. 이 원리를 진리로 받아들이고, 또 모든 것을 주님 발 앞에 내려놓은 채 주님께 모든 것을 올려드려서 확증하십시오.

다음 두 가지는 동시에 해야 합니다. 하나는 주님이 모든 것이 되셔서 모든 것을 행하시게 하는 것이고, 다른 하나는 주님이 통치하셔서 모든 것을 다스리시게 하는 것입니다. 주님이 통치하실 수 없거나 다스리시지 못하는 것이 하나도 없게 하십시오. 이 일은 불가능한 것이 아닙니다. 주님이 당신의 모든 것이 되게만 하십시오. 전능하신 능력으로 그 모든 것을 자신으로 채우실 수 있도록 주님이 당신의 모든 것이 되게 하십시오.

• • • 온전한 순복 • • •

모든 것에서 떠나고, 모든 것을 팔고, 모든 것을 버리십시오. 이것은 주님이 이 세상에 계실 때 요구하셨던 조건입니다. 이 조건은 아직도 유효합니다. 온전한 그리스도인으로 생활하는데 있어서 늘 방해가 되는 것은 그리스도가 모든 것 되신다는 것을 믿지 않기 때문입니다. 그래서 자신들이 그리스도에게 모든 것을 드리는 일이 꼭 필요한 것은 아니라고 생각합니다.

모든 것은 죄 아래 있기 때문에 반드시 모든 것을 그리스도에게 내어드려야 합니다. 주님은 자신에게 온전히 순복하지 않은 것을 깨끗하게 하시거나 보호하실 수는 없습니다. 왜냐하면 그리스도는 온전히 순복한 것만을 완벽히 소유하시고 채우실 수 있기 때문입니다. 또 모든 것은 주님께 순복되어야 합니다. 왜냐하면 주님만이 하나님의 모든 것이 우리 안에 올바른 절대권을 가지도록 하실 수 있기 때문입니다.

그리고 죄가 아닌데도 불구하고 우리에게 유익을 줄 수 있는 그 어떠한 것들이 우리의 소유를 꽉 쥐고 있거나, 우리의 즐거움을 위해서만 사용하는 것이라면, 그것 역시 우리의 이기심 때문에 오염됩니다. 이러한 것들까지도 그리스도의 능력과 손 안에 온전히 드려야 합니다. 오직 거기에서만 성화될 수 있습니다.

모든 것을 순복하는 것: 그리스도인들은 이러한 특성에 관해 아는 것이 없기 때문에, 많은 기도와 배움 속에서도 성취되는 것이 거의 없습니다.

당신이 성령 충만함을 위해 하나님께로 온전히 향하고, 깨끗하고 정결한 마음을 지키기 원한다면, 모든 것을 순복시키는 것이 당신의 복된 특권인 것을 알아야 합니다. 당신이 열정적으로 추구했던 것들과 스스로 하려는 것들을 주님께 드리십시오. 온전히 순복하는 수준이 바로 당신이 그리스도의 모든 것을 경험하는 수준입니다.

11장에서 우리는 순복은 완전하게 그리고 즉각적으로 되어져야 한다는 사실을 보았습니다. 이것은 생각하는 것을 넘어 실제 행동으로 옮겨야 합니다. 오늘 그리스도의 모든 것이 우리에게 순복의 능력이 되게 해야 합니다. 지금 즉시, 완전히 그리고 영원히 순복의 능력이 되게 하십시오.

••• 성령의 모든 것 •••

하나님의 모든 것과 그리스도의 모든 것은 성령의 모든 것이라는 결과를 요구합니다. 우리 안에 거하시는 아들을 영화롭게 하고, 그 아들을 통해 아버지를 계시하시는 것이 성령의 사역입니다. 하나님이 모든 것이 되지 않고, 하나님의 능력으로 모든 것을 관통하지 못한다면, 어떻게 이러한 일을 할 수 있겠습니까? 성령으로 충만하고, 성령이 모든 것을 소유하게 하는 것은 건강하고 참된 그리스도인의 생활에 필수입니다.

삼위일체 하나님이 모든 것을 소유하셔야 한다는 것을 온전히 이해하지 못하는 것은 기독교계가 처한 가장 큰 손실의 원인입니다. 신실한 그리스도인까지도 자신을 발견하고, 자신이 원하는 것이 무엇인지, 자신을 행복하게 하는 것이 무엇인지를 추구합니다. 그러한 다음에 하나님을 모셔서 이 행복들을 안전하게 지키려고 합니다.

그들은 하나님이 원하시는 것을 우선적이고 중요한 것으로 생각하지 않습니다. 하나님이 그리스도인 삶의 아주 작은 부분까지도 온전히 소유하셔야 하나님의 영광이 그리스도인들에게 계시된다는 사실을 깨닫지 못하고 있는 것입니다.

그리스도인은 하나님의 뜻과 하나님의 역사로 온전히 채워지는 것만이 최고의 행복이 됩니다. 그런데도 이것을 깨닫지 못하고 있습니다.

그리스도인은 아버지 하나님의 뜻에 완전히 순복했던 바로 그 그리스도가 지금, 자신들의 마음과 삶에서 같은 방식으로 내주하시고 일하시려 한다는 것을 알지 못합니다. 그래서 그리스도인은 성령이 모든 것이 되어야 한다는 것과 성경으로 완전히 채워져야 하는 것이 얼마나 필요한 것인지 전혀 이해하지 못하는 것입니다.

이러한 생각들이 당신에게 어떤 깨달음을 알게 하는데 영향을 끼쳤다면, 성령이 당신의 모든 것이라고 인식하는 가운데 기도하십시오. 전심으로 이렇게 고백하십시오. "나는 자유가 없습니다. 작은 것, 아주 사소한 것이라도 성령이 모든 것이 되셔야 합니다." 이러한 고백을 한 후에 그리스도께서 하나님의 모든 것을 회복시키러 오셨다는 것과 성령이 우리 안에 그리스도의 모든 것을 계시하기 위해 오셨다는 것을 묵상하십시오.

하나님의 사랑이 우리 안에서 다시 가장 높은 곳에 자리하시기를 간절히 열망하고 있다는 것을 기억하십시오. 그러면 당신의 마음은 아버지께서 성령 충만을 주셨다는 온전한 확신으로 가득 찰 것입니다.

··· 믿음의 모든 것 ···

"믿는 자에게는 능치 못할 일이 없느니라"(막9:23) "무엇이든지 기도하고 구하는 것은 받은 줄로 믿으라 그리하면 너희에게 그대로 되리라"(막 11:24) 11장까지 살펴본 내용들은 우리에게 왜 믿음이 모든 것이 되는지 가르쳐주었습니다. 믿음이 모든 것인 이유는 하나님이 모든 것이기 때문입니다.

믿음이 모든 것인 이유는 사람은 아무 것도 아니며, 우리 안에 오직 하나님을 받아들이는 능력 외에는 선한 것이 아무 것도 없기 때문입니다. 우리가 믿는 자가 되면, 하나님의 계시가 우리를 인도하는 빛이 됩니다.

그러면, 우리는 하나님이 우리에게 원하시는 것을 볼 수 있게 되고, 우리는 우리의 영혼을 조용히 하나님 앞에 두어 자신을 열어드릴 것입니다. 그제야 우리는 하나님께 모든 것을 성령으로 일하실 수 있는 기회를 드리게 되는 것입니다. 분명한 목적을 가지고, 일관성 있게 이 진리를 믿으면, 하나님과 그리스도의 모든 것이 더 확실히 우리를 통치하고 지배할 것입니다.

믿음의 모든 것 : 교회가 이러한 사실을 정말 모르고 있는 것인지 궁금합니다. 우리에게 필요한 유일한 것은 우리의 영혼을 하나님께 늘 열어두고, 하나님이 자유롭게 우리 안에서 일하시게 하는 것입니다.

믿음은 하나님께서 모든 것을 받으시고, 모든 것을 성취하실 수 있다는 사실을 온전히 받아들이고 기대하는 것입니다. 스스로 자신이 가망 없다는 사실을 깨달은 상태로 죄를 보는 순간마다, 하나님의 약속과 그 약속을 성취할 수 있는 능력을 볼 때마다, 마음속에서는 하나님이 결국 모든 것을 이루실 것이라는 기쁨의 믿음이 솟아나야만 합니다.

오늘 이렇게 그리스도를 바라보는 믿음으로 지금까지 아는 모든 죄를 버리고, 주님을 정결하게 하시는 분으로 영접할 수 있도록 결단하기를 바랍니다. 이 믿음이 그리스도의 모든 것을 받게 하시고, 그가 가진 모든 것을 함께 소유하게 만드시길 바랍니다! 그리고 이 믿음으로 주님은 성령의 모든 것을 당신이 당연히 받을 기업인 것으로 보게 하실 것입니다. 하나님이 충만한 복을 이미 주셨기 때문에 당신의 소망이 확실하다는 것을 깨닫기 바랍니다!

당신은 하나님의 모든 것과 그리스도의 모든 것, 성령의 모든 것은 측량할 수 없다는 것을 알았습니다. 또 모든 것을 지배하는 죄의 능력도 엄청나다는 것을 알았습니다. 이러한 인식 속에서 당신이 하나님을 위해 살아가겠다며 드린 모든 순종과 결단이 진실이라면, 하나님이 당신을 위해 하실 일을 믿는 자신의 믿음을 제한해서는 안 될 것입니다. "나를 믿는 자는 성경에 이름과 같이 그 배에서 생수의 강이 흘러나리라"(요7:38)

• • • 오늘 이룰 수 있는 일은 무엇인가 • • •

분명히 오늘 될 일들이 있습니다. 성령은 오늘 우리에게 이렇게 말씀하십니다. "오늘 너희가 그 음성을 듣거든 마음을 강퍅하게 말찌어다"(시 95:7~8) 저는 당신에게 즉시 성령의 빛과 기쁨이 흘러날 것이라고 약속할 수 없습니다. 또 오늘 당신이 아주 거룩하게 느끼거나 축복을 누리게 된다고도 약속할 수도 없습니다. 그렇지만 이렇게 말할 수는 있습니다. 당신은 오늘 그리스도를 정결하게 하시는 분으로, 세례를 주시는 분으로, 당신을 성령으로 충만하게 하시는 분으로 영접할 수 있습니다.

그렇습니다. 당신은 오늘 주님께 온전히 헌신할 수 있으며, 또 당신을 성령의 완전한 지배 아래 영원히 두기로 결단할 수 있습니다. 당신은 오늘 성령의 모든 것을 자신의 개인적 소유로 인식하고 전유할 수 있습니다. 그렇기 때문에 믿음의 모든 조건들에 헌신하고, 그리스도께서 성령을 통해 하실 일들을 온전히 믿는 믿음 가운데 살아가십시오.

이것이 바로 당신이 해야 할 일입니다. 또 이것은 당신이 해야만 하는 일입니다. 하나님의 은혜의 보좌 앞에 무릎 꿇어 모든 믿음으로 간구하십시오. 이전 장들에서 알게 된, 그리스도께서 당신 안에서 일하시기 위해 준비하고 계신다는 사실들을 다시 한번 확인하십시오. 그 후에 성령으로 충만해지기 위해 온전한 빈 그릇으로 당신을 헌신하십시오. 주님의 시간에 하나님은 확실히 당신 안에서 그 일을 이루실 것입니다.

그러한 동안에도 하나님께서 지금 하시려는 일이 있습니다. 하나님은 오늘 당신의 헌신을 받으셨다는 확신과 성령 충만이 당신 것이라는 보증의 인을 쳐주시길 원하십니다. 오늘, 이 보증의 인을 주시도록 주님 앞에서 기다리십시오!

저의 마지막 말을 주의 깊게 들으십시오. 하나님의 모든 것이 당신을 부르고 있습니다. 죄의 모든 것도 당신을 부릅니다. 그리스도의 모든 것이 당신을 부르고 있습니다. 예수님이 요구하신 온전한 순복이 당신을 부릅니다. 성령의 모든 것 그리고 그의 필요와 그의 영광이 역시 당신을 부릅니다. 그 영광의 구원이 당신을 지배하게 하십시오.

삼위일체 하나님이 당신을 위해 준비하신, 이 모든 영광스러운 일들로부터 절대로 돌아서서는 안 됩니다. 당신의 영혼이 "하나님은 나에게 모든 것입니다"라고 무의식적으로 소리치며 고백하는 것을 들을 때까지 조용히 이 진리를 묵상하십시오.

오늘, 하나님께서 우리의 모든 것이 되도록 자기의 생명을 주신 그리스도를 새롭게 받아들이십시오. 하나님이 모든 것이 되시는 이 영광스러운 목적을 위해 당신의 삶을 드리십시오. 하나님은 당신을 그의 성령으로 채우실 것입니다.

영적 탁월함을 추구하며

성령으로 충만해지기 위해서
성령이 모든 것을 가지시게 하는 것은
건강하고 참된 그리스도인의 삶에서 꼭 필요한 것입니다.